EL ESTADO Y LOS DERECHOS FUNDAMENTALES

Guía Mínima para el Alumno de Derecho

COORDINADORA

Teresa Da Cunha Lopes

AUTORES

Teresa Da Cunha Lopes

Damián Arévalo Orozco

Ma. Elena Pineda Solorio

Centro de Investigaciones Jurídicas y Sociales

Facultad de Derecho y Ciencias Sociales

UMSNH

Editorial AAA

El Estado y los Derechos Fundamentales. Guía Mínima para el Alumno de Derecho
Teresa Da Cunha Lopes / Damián Arévalo Orozco/ Ma. Elena Pineda Solorio

El Estado y los Derechos Fundamentales. Guía Mínima para el Alumno de Derecho
Teresa Da Cunha Lopes / Damián Arévalo Orozco/ Ma. Elena Pineda Solorio

Editado

02 de Diciembre de 2013

ISBN

978- 1495- 400360

1495400360

Título

El Estado y los Derechos Fundamentales. Guía Mínima para los Estudiantes de Derecho

1ª.Edición

Colección

"Transformaciones Jurídicas y Sociales en el Siglo XXI"

serie 7 /No. 6

Coordinadores de la Colección

Hill Arturo del Río Ramírez

Teresa M. G. Da Cunha Lopes

Coordinador de la Edición y Diseño Gráfico

Pedro Rusiles

Editorial AAA

Sociedad Cooperativa de Responsabilidad Limitada

DIRECTORIO

Universidad Michoacana de
San Nicolás de Hidalgo

Facultad de Derecho
y Ciencias Sociales

Dr. Salvador Jara
Rectora

Mtro. Damián Arévalo Orozco
Director

Dr. Egberto Bedolla Becerril
Secretario General

Lic. Tomás Vega Marín
Sub-Director

Mtro. Arlos Salvador Rodriguez
Camarena
Secretario Académico

Lic. Zayuri Aguirre Alvarado
Secretaria Académica

Lic. Felipe Rivera Gutiereez
Secretario Administrativo

Secretaría Administrativa

C. P. Horacio Guillermo Díaz Mora
Tesorero

Lic. Marco Antonio Salgado
García
*Secretario de Desarrollo
Estudiantil*

Dra. Rosa María De la Torre Torres
Secretaria Auxiliar

Lic. J. Jesús Rodríguez Morelos
*Coordinador General de
Licenciatura*

Mtro. Teodoro Barajas Rodríguez
*Secretario de Difusión Cultural
y Extensión Universitaria*

Dr. Ricardo García Mora
*Coordinadora de la Licenciatura
en Derecho, Sistema Abierto*

Mtra. Ma. Elena Pineda Solorio
*Coordinadora de la Licenciatura
en Derecho, Sistema a Distancia*

Dr. Jorge Álvarez Banderas
*Coordinador de la División de
Estudios de Posgrado*

www.umich.mx

www.themis.umich.mx

ÍNDICE

Introducción

EL ESTADO Y LOS DERECHOS FUNDAMENTALES

Guía Mínima para el Alumno de Derecho

Teresa Da Cunha Lopes

Introducción

Antes de abordar la construcción y la evolución histórico-doctrinal de los Derechos Fundamentales, nos parece obligatorio hacer una breve delimitación de los conceptos de Estado y de Soberanía, ya que el desarrollo del campo de los Derechos Humanos se hace de forma exterior al *Ius propiam civitatis*, y por veces contra él, contexto que la Globalización económica y la emergencia de la Sociedad de la Información han agudizado, ya que estas nuevas variables colocan problemas de transcendencia jurídica, funcional y transforman, radicalmente, las visiones tradicionalistas sobre jurisdicciones y competencias.

1.-¿Que es el Estado?

Partimos de una pregunta concreta: ¿Cuál es la peculiaridad del Estado respecto a otras formas de organización política? Según MAX WEBER[1], por Estado debe entenderse una

---

[1]   A este propósito ver la obra póstuma "Economía y Sociedad" y "La Política como vocación", estudio publicado conjuntamente con la lección " La Ciencia como vocación"

organización institucional que posee el "monopolio de la coacción física legítima"[2]. Según

este concepto, el monopolio de la violencia sería el rasgo identificador del Estado. Ahora bien,

el dominio de los Estados no sólo se basa en la coacción sino en la coacción legítima, es decir,

en el consentimiento de los ciudadanos.

MAX WEBER[3] distingue tres modelos ideales de legitimidad que repercuten en la forma de

obediencia:

1. la legitimidad tradicional: fundamentada en la costumbre

2. la legitimidad carismática: que radica en las cualidades ejemplares de una persona.

3. la legitimidad legal-racional, la más corriente, se basa en la creencia en la legalidad, es

    decir, en la sumisión a las normas y al Derecho.

En consecuencia, la coacción legítima es la que se ejerce conforme a lo establecido en la ley.

Junto al monopolio de la violencia[4] y a la legitimidad en que ésta se apoya, un tercer rasgo

identificador del Estado estriba en que ese monopolio legítimo de la coacción es ostentado

---

2   POULANTZAS, Nikos: *Pouvoir Politique et Classes Sociales del Capitalisme*. Trad. al español de F. Torner, ed. Siglo XXI,
     México, 1997

3   Un buen punto de partida para el análisis de la obra de WEBER es la lectura de MANN que debe situarse en el
renovado interés por la génesis del Estado-nación que se constituyó en las últimas dos décadas como una de las
preocupaciones centrales de la política comparada y de la sociología histórica anglosajona. Desde diversas perspectivas y
enfoques, MARX y WEBER fueron reinterpretados y sus tradiciones teórico-metodológicas cuestionadas con el objeto de
repensar las relaciones entre Estado y sociedad civil, entre capitalismo y democracia, entre el poder y las clases sociales, o
entre la autonomía estatal y la capacidad de dominación político-territorial. Así, en los años 80, autores como GIDDENS;
EVANS/ RUESCHEMEYER/ SKOCPOL; el propio MANN; o MIGDAl, entre otros, ofrecieron espléndidos trabajos referidos
a esas cuestiones en los cuales sugirieron numerosas claves teóricas y empíricas para discutir desde las tradiciones marxista y
weberiana las transformaciones del Estado y de la sociedad en el capitalismo.

4   BOURDIEU, Pierre: "*Sobre el poder simbólico*", en *Intelectuales, política y poder*, traducción de Alicia Gutiérrez, Buenos
Aires, UBA/ Eudeba, 2000, pp. 65-73.

por una organización de carácter institucional.

El proceso de institucionalización del poder significa[5], por una parte, que la coerción no se ejerce arbitrariamente sino de acuerdo con las leyes. Por otra parte, la institucionalización se opone a la personalización del poder. Aunque el poder es ejercido por personas, éstas no actúan en nombre propio sino como representantes de una entidad abstracta. La despersonalización del poder permite, pues, la continuidad del Estado y de sus políticas, al margen de que sus representantes cambien.

Para Max WEBER, los Estados más evolucionados son los que se asientan en la legitimidad legal-racional. La institucionalización del poder conduce a que las relaciones y las actividades políticas sean realizadas por órganos específicos a los que se les atribuyen funciones concretas de acuerdo con normas; así, el ámbito político tiende a diferenciarse de otros ámbitos. Por el contrario, la mezcla de las actividades políticas con actividades de naturaleza religiosa o económica es más intensa en los Estados con una institucionalización precaria del poder.

Desde estos planteamientos la organización burocrática[6] constituye el instrumento

---

[5]   MANN, Michael:" *El poder autónomo del Estado: sus orígenes, mecanismos y resultados* ." *en* Revista Académica de Relaciones Internacionales, Núm. 5 Noviembre de 2006, UAM-AEDRI

[6]   WEBER es conocido por su estudio de la burocratización de la sociedad, de los modos racionales en los que las organizaciones sociales aplican las características de un tipo ideal de burocracia. Muchos aspectos de la administración pública moderna vuelven a él, y un servicio civil clásico y organizado jerárquicamente del tipo continental es denominado *servicio civil weberiano*, aunque esto es sólo un tipo ideal de administración pública y gobierno descrito en su obra magna *Economía y sociedad*. En su trabajo, WEBER hace una descripción, que se ha vuelto famosa, de la racionalización (de la que la burocratización es una parte) como un cambio desde una organización y acción orientada a valores (autoridad tradicional y autoridad carismática) a una organización y acción orientada a objetivos (autoridad racional-legal). El resultado, de acuerdo a WEBER, es una *noche polar de oscuridad helada*, en la que la racionalización creciente de la vida humana atrapa a los individuos en una jaula de hierro de control racional, basado en reglas. Los estudios sobre la burocracia de WEBER le condujeron también a su análisis - correcto, pues resultaría así - de que el socialismo en Rusia llevaría, debido a la abolición del mercado libre y sus mecanismos, a una sobreburocratización

característico del éxito del Estado en la época moderna. Los rasgos de la burocracia (entre

otros, la selección de los funcionarios de acuerdo con la cualificación profesional y no por

razones clientelares o por privilegios hereditarios, o el sometimiento de sus actividades a

reglamentos) permiten a los ciudadanos anticipar el ejercicio del poder frente a la inseguridad

generada por un poder arbitrario.

En la primera mitad del siglo XX, la política se define en términos de poder. En realidad, la

consideración del poder como objeto central de una Teoría de la Ciencia Política y del Estado

hunde sus raíces en el pensamiento griego clásico[7] y continuó siendo el tema de atención

preferente a lo largo de la historia (como prueban las aportaciones de MAQUIAVELO[8],

HOBBES[9], MONTESQUIEU[10] o WEBER).

Pero el poder no es fácil de conceptuar. Una clasificación muy citada distingue dos sentidos:

1. el poder como resultado de una relación entre dos sujetos en virtud de la cual uno

---

(evidente, por ejemplo, en la economía de la escasez) más que a un alejamiento fulminante del estado (como Karl MARX había predicho que sucedería en una sociedad comunista).

[7] PLATÓN y su obra "La República" y ARISTÓTELES y el "ATHENAION POLITEIA" son referencias obligatorias

[8] MAQUIEVALO, Nicolás :
A)*Discurso sobre la corte de Pisa*, 1499
B)*Retrato de la corte de Alemania*, 1508-1512
C)*Retrato de la corte de Francia*, 1510
D)*Discursos sobre la primera década de Tito Livio*, 3 volúmenes, 1512-1517
E)*El Príncipe*, 1513

[9] ViTALE, Ermano: "*Hobbes y la Teoría del Estado moderno*", en ISEGORÍA, Revista de Filosofía Moral y Política N.º 36, enero-junio, 2007, 105-124

[10] Un interesante estudio sobre la influencia de MONTESQUIEU sobre la visión de Estado de los Founder Fathers aparece en el artículo de JAMES, F. Jones: "*Montesquieu and Jefferson Revisited: Aspects of a Legacy*", The French Review, Vol. 51, No. 4, Fiftieth Anniversary Issue (Mar., 1978), pp. 577-585

10

impone a otro su voluntad y obtiene un comportamiento que no surgiría espontáneamente.

2. El poder definido en función de los recursos disponibles, es decir, se tiene poder cuando se dispone de medios, ya sean económicos, ideológicos o de otra naturaleza

Estas dos dimensiones del poder no son fáciles de discernir en la práctica y tampoco son excluyentes sino complementarias.

Por tanto, el elemento tipificador del Estado es la coacción legítima, instrumento que le permite imponer decisiones colectivas. En consecuencia, entre los conceptos de poder, política y Estado existe un claro paralelismo. Desde la perspectiva del poder, el Estado es un ámbito nuclear de la actividad política, lo que no debe conducir a considerar que el estudio del poder se agote en el del Estado.

2- Enfoques y Concepciones sobre el Estado

Damián Arévalo

Teresa Da Cunha Lopes

A modo de síntesis las diferentes concepciones sobre el Estado pueden clasificarse en cuatro categorías:

1. Marxismo

2. Elitismo

3. Pluralismo

4. Institucionalismo

No obstante, ha de tenerse en cuenta que estas corrientes no son homogéneas y que además, las aportaciones no siempre son fáciles de clasificarse.

2.1.-El marxismo

Hemos establecido una distinción entre el marxismo [11]y lo defendido por otras posiciones socialistas. Mientras que el marxismo propugnó la sustitución del modo de producción capitalista, un segundo grupo- al que cabe calificar como socialismo reformista- se identificó con el ideario de los que sostenían que el capitalismo podía transformarse. Representativas de este socialismo reformista son las aportaciones de SISMODI, Louis BLANC, LASALLE y, sobre todo, BERNSTEIN, o aún de JUARES, BLUM y los idearios de los partidos socialistas europeos que emergen de la Segunda Internacional.

Un denominador común del socialismo reformista es la defensa del establecimiento de una nueva distribución de la riqueza, para lo cual resulta imprescindible la intervención del

---

[11]   Sobre la cuestión marxista y la interpretación de los textos fundadores remito el lector para las obras de ALTHUSSER, Louis:
- (1967) *La revolución teórica de Marx*, México: Siglo XXI.
- (1969) *Para leer El capital*, México: Siglo XXI.
- (1970) *Lenin y la filosofía*, México: Era.
- (2003) *Marx dentro de sus límites*, Madrid: Akal.
- (2003) Ideología y *aparatos ideológicos del Estado / Freud y Lacan*, Buenos Aires: Nueva Visión.
-

Estado. Desde esta perspectiva se propugna la conquista del Estado por el movimiento obrero; de ahí que el sufragio universal fuese una de las reivindicaciones centrales. Para el socialismo reformista, por lo tanto, el Estado es un instrumento esencial para la reforma social.

Para MARX, en cambio, el modo de producción condiciona las relaciones sociales y políticas[12]. Según la concepción economicista de la historia defendida por Marx, las relaciones jurídicas y las formas estatales no son independientes de las condiciones materiales sino derivados de ellas. Las relaciones de producción constituyen la estructura económica sobre la que se asienta una determinada superestructura jurídica y política. En coherencia con estos planteamientos, la función del Estado burgués no es otra que la de proteger el dominio de clase. Es la forma bajo la que los individuos de una clase dominante hacen valer sus intereses comunes.

En consecuencia, MARX rechaza que la conquista por el proletariado del Estado burgués pudiese inducir al cambio de la sociedad existente. Para MARX, la dependencia entre el poder estatal y la clase es inextricable, lo que le induce a propugnar la destrucción del Estado burgués y la sustitución por otro diferente. El proletariado como clase dominante debía organizar sus propias instituciones estatales de acuerdo con sus necesidades.

[12] ALTHUSSER, Louis. *Ideología y aparatos ideológicos del Estado*, Paris, 1969, trad. Al español, editorial Nueva Visión, Buenos Aires, 1988

En este sentido, MARX [13]sostiene que entre la sociedad capitalista y la sociedad comunista

sucedería una fase de transformación revolucionaria, un periodo de transición cuyo Estado

no puede ser otro que la dictadura revolucionaria del proletariado. Este Estado, según la idea

de MARX, es un Estado de una clase: el proletariado. Pero a diferencia de los demás Estados,

su objetivo es la eliminación del antagonismo de clase y, por lo tanto, la paulatina destrucción

del propio Estado como instrumento de dominio. En esto coincidiría con los anarquistas, para

quienes la abolición del Estado es prioritaria y se antepone a la eliminación de las clases.

2.2-El elitismo

La corriente elitista sostiene que los factores económicos no determinan el poder, ya que lo

político ejerce influencias significativas. Los elitistas rechazan el concepto de clase económica

y utilizan, en su lugar, el término de élite. Niegan además que la elite empresarial ejerza un

dominio absoluto sobre el poder político.

Algunos de los autores principales son MICHELS, WILFREDO PARETO[14] o MOSCA, que

---

[13]   MARX, Karl y Eric J. HOBSBAWM. *Formaciones Económicas Precapitalistas*. Reed. Editorial Siglo XXI, México 1999. Uno de los aspectos más interesantes de la polémica sobre el materialismo histórico marxista es el de la evolución de las formaciones económicas. La lista ortodoxa es bien conocida: comunismo primitivo, esclavitud, feudalismo y capitalismo. en los Grundrisse MARX habla del modo de producción" asiático, antiguo, feudal y moderno burgués". Este tema ha sido retomado en otras obras sin que ni MARX ni ENGELS agoten la polémica. En la reedición de 1999 de la editorial Siglo XXI se publican el estudio de MARX sobre el tema (tomado de los Grundrisse) acompañado de un ensayo de HOBSBAWM sobre el texto de MARX.

[14]   Es necesario no olvidar el rescate que el fascismo italiano hizo de las posiciones de PARETO, en particular del manejo del concepto de "Elite". PARETO introduce el concepto de élite. Para PARETO, la élite está definida y constituida, a la vez, por los mejores elementos de la sociedad. La élite no es hereditaria y, por lo tanto, habría una circulación de élites. Este concepto puede ser utilizado en otro sentido: en el sentido de quienes gobiernan. Lo ideal sería que coincidiera la élite funcional (los mejores) con la élite del poder. Pero esto no es completamente así, pues hay quien gobierna sin ser élite (por influencias, familias, etc.). Cuando se vuelve excesivo el número de aquellos que gobiernan sin pertenecer a la élite funcional, surgen la decadencia y el colapso. Es un ciclo. Puede suceder a través de una revolución o por sustitución gradual. Una buena élite es aquella donde hay un buen equilibrio entre zorros y leones. Cuando hay muchos zorros en la élite, los leones

14

defienden que en todas las circunstancias una minoría ejerce el poder sobre la mayoría,

dominio que extrae de su capacidad organizativa. Otros como WEBER o SCHUMPETER[15],

desde posiciones democráticas, coinciden con la idea de que una elite siempre domina sobre

la mayoría, a pesar incluso del desarrollo de los partidos de masas.

Wright MILLS[16] polemiza con la idea pluralista de que el poder se encuentra disperso en las

sociedades democráticas. Sostiene que las instituciones están dominadas por una "red de

poder" integrada por el poder ejecutivo, por los directores de las grandes empresas y por la

cúpula militar. Son éstas las elites que, con un importante grado de autonomía, definen el

contenido de las políticas de acuerdo con sus intereses. En consecuencia, el Estado no es ni un

---

se rebelan, y viceversa. Cuando una élite es decadente, se debe exterminar; la élite debe ser de calidad y circulante.

[15]   La Bibliografía de SCHUMPETER es muy extensa. Remito el lector para las siguientes obras que pueden clarificar su análisis de las sociedades democráticas y de las capacidades del capitalismo.
  SCHUMPETER, Joseph Alois:
  A)"On the Concept of Social Value", 1909, *QJE*
  B)*Wie studiert man Sozialwissenschaft*, 1910 (transl. by J.Z. Muller, "How to Study Social Science", *Society*, 2003)
  C)"Über das Wesen der Wirtschaftskrisen", 1910, *ZfVSV*
  D)*Theorie der wirtschaftlichen Entwicklung* (transl. *The Theory of Economic Development: An inquiry into profits, capital, credit, interest and the business cycle*) , 1911.
  E)*Economic Doctrine and Method: An historical sketch*, 1914.
  F)"The Sociology of Imperialism", 1919, *Archiv für Sozialwissenschaft und Sozialpolitik*
  G)"Max Weber's Work", 1920, *Der österreichische Volkswirt*
  H)"The Instability of Capitalism", 1928, *EJ*
  I)"Review of Keynes's *General Theory*", 1936, *JASA*
  Business Cycles: A theoretical, historical and statistical analysis of the Capitalist process, 1939.
  J) *Capitalism, Socialism and Democracy*, 1942.
  K)"Capitalism in the Postwar World", 1943, *Postwar Economic Problems*.
  L)"John Maynard Keynes", 1946, *AER*.
  M)"Capitalism", 1946, *Encyclopaedia Britannica.* .
  N)"Science and Ideology", 1949, *AER*.
  O)"Vilfredo Pareto", 1949, *QJE*.
  P)"Economic Theory and Entrepreneurial History", 1949, *Change and the Entrepreneur*
  Q)"The *Communist Manifesto* in Sociology and Economics", 1949, *JPE*

[16]   MILLS, *cuya principal obra es " The Power Elite" se abocó al estudio de las relaciones entre la política, los militares y la elite económica,* subrayando que estas personas poseen un punto de vista común sobre el mundo:
  •   La Metafísica Militar: Una definición militar de la realidad.
  •   Poseen Identidad de Clase: Se reconocen como superiores y separados del resto de la sociedad.
  •   Tienen Medidas de Intercambio: Se mueven entre las tres estructuras institucionales y permanecen interpuestas directamente
Estas elites de los tres grandes órdenes institucionales poseen una alianza basada en su comunidad de intereses

15

instrumento al servicio del poder económico, según sostienen los marxistas, ni un árbitro

neutral según defienden los pluralistas.

2.3- El Pluralismo

La corriente pluralista enlaza parcialmente con las ideas del liberalismo clásico, en particular

con las de MADISON[17], por su defensa de la existencia de intereses heterogéneos en las

sociedades. No obstante, existen diferencias. Mientras para MADISON las facciones, pese a

ser inevitables, son perniciosas y debían neutralizarse mediante la representación política;

para los pluralistas, la diversidad de intereses es una característica consustancial de la

democracia. Su existencia evita que se imponga una mayoría tiránica y garantiza la viabilidad

de la misma democracia.

Sin embargo, esta corriente adquiere un mayor impulso con la obra de Robert DAHL, quien

califica a las democracias[18] liberales con el término de "poliarquía"[19]y que estudia el

funcionamiento del sistema político estadounidense, pero la aplicación de sus conclusiones

---

[17]　MADISON, Hamilton, presidente de EUA y uno de los Founding Fathers es el autor del "Federalista no. 10". Una de los mejores análisis de MADISON ha sido publicado por Léo STRAUSS en el libro de ensayos "Historia de la Filosofía Política", publicado en México por el FCE. El Federalista No. 10 continúa la discusión comenzada por HAMILTON en el Federalista No. 9. El autor había enunciado el carácter destructivo que podía tener el comportamiento faccioso en una república, por lo cual MADISON aborda la posible forma de eliminar sus efectos negativos. MADISON define a la facción como "un número de ciudadanos, que puede ser tanto una mayoría como una minoría del total, unidos en un accionar motivado por pasiones o intereses contrarios a los derechos de los demás ciudadanos o contrarios a los intereses permanentes de la comunidad". El autor identifica la distribución desigual de la riqueza, generadora de la división en clases sociales dentro de la sociedad, como la causa principal de la facción. Como consecuencia, Madison ve a la democracia directa como un peligro para los derechos individuales y aboga por la democracia representativa (a la que llama república) para proteger a la libertad individual de la regla de la mayoría o de los efectos de las desigualdades en la sociedad.

[18]　DAHL, Robert A.: *Democracy and its critics*. Yale University Press, 1989

[19]　DAHL, Robert: *Polyarchy; participation and opposition*. New Haven: Yale University Press, 1971

16

plantea obstáculos en ámbitos distintos del contexto americano. Por ejemplo, la debilidad de los partidos políticos, la mayor influencia de los grupos de presión en la canalización de los intereses o lo reciente de su tradición estatal son rasgos característicos del sistema norteamericano no compartidos con otros países europeos.

El objeto de estudio por excelencia del pluralismo son los grupos; objeto que se presta más fácilmente al análisis empírico que el Estado, y el método a seguir es el comportamiento observable, esto es, los grupos que participan e influyen en las decisiones. Hay razones, por lo tanto, para asociar el pluralismo con la revolución metodológica conductista.

La idea característica del enfoque pluralista se refiere a que el poder está disperso en numerosos centros y ninguno de ellos domina por completo a la sociedad. En consecuencia, no existe un único centro de poder. Este presupuesto viene a resquebrajar la consideración del poder estatal como un poder soberano. Según los pluralistas, la dispersión del poder es debida a que los recursos políticos no se distribuyen uniformemente. Es evidente que los grupos no están interesados en influir en todos los ámbitos de decisión. Además, puede suceder que la existencia de un grupo poderoso suscite la organización de otro que restrinja su poder; por ejemplo, las organizaciones sindicales frente a las organizaciones empresariales.

Desde la perspectiva pluralista, la política se caracteriza por ser un proceso de negociación entre intereses en conflicto que garantiza la solución pacífica de los mismos. En este contexto, la función del Estado es regular o armonizar el enfrentamiento entre intereses. El Estado es,

17

pues, un ámbito neutral. Según estos planteamientos, el núcleo de actividad política son los grupos y no el Estado, el cual no es más que una de las múltiples asociaciones a las que pertenece el individuo. El Estado no posee un único interés, los intereses en la sociedad son heterogéneos lo que plantea obstáculos insuperables para lograr un consenso sobre el contenido del interés general.

En torno a esta posición han aparecido posturas críticas, que señalan que en muchas ocasiones las políticas públicas las inician actores públicos no precisamente para responder a la presión de los grupos sino porque muestran intereses propios y, en definitiva, es el Estado el que posee recursos y legitimidad para elaborar y aplicar las políticas.

Los pluralistas discrepan respecto de las posturas marxistas en que el poder derive de la clase socialmente dominante[20]. Además, como los intereses son heterogéneos, no son reducibles a los de naturaleza económica. En relación con los elitistas, los pluralistas disienten que exista una única elite en el poder. Por su parte, desde posiciones elitistas, se objeta a los pluralistas que el poder es acumulativo.

2.4.- El institucionalismo[21]

El objeto clave de este enfoque son las instituciones políticas; es decir, las organizaciones

---

[20] Ver: BOLTANSKY, Luc y Eve CHIAPELLO: *Le nouvel esprit du Capitalisme*. Ed. Gallimard, Paris,1999

[21] REIS MOURAO, Paulo: "*El Institucionalismo norteamericano: orígenes y presente*". En: Revista de Economía Institucional, Universidad Externado de Colombia, versión electrónica consultada en http://redalyc.uaemex.mx/redalyc/src/inicio/ArtPdfRed.jsp?iCve=41991613

18

formales de la administración pública. El funcionamiento de las instituciones políticas así como las normas legales en las que se apoyan son analizadas, sobre todo, descriptivamente; los análisis no se plantean enunciar leyes. Su presupuesto característico estriba en que las estructuras formales determinan la conducta, lo que conduce a mantener que el Estado influye en la sociedad y a la inversa. Algunos de sus rasgos son el componente normativo y la utilización de la historia.

Las instituciones fueron el objeto central de la Ciencia Política y del estudio del Estado hasta principios del siglo XX. A pesar del predominio adquirido por otros enfoques, el estudio de éstas no llegó a ser abandonado.

3.-La Convergencia de los Enfoques

Teresa Da Cunha Lopes

En los últimos años se observa una tendencia general a la convergencia entre los distintos enfoques. De hecho, se aprecia entre ellos una propensión a asumir parcialmente los presupuestos característicos de las otras.

Otras aportaciones de orientación marxista, aun admitiendo el condicionante de la estructura económica sobre la política y, en particular, sobre la actividad del Estado, relativizan cuando no rechazan el determinismo económico característico de la interpretación instrumentalista. Entre los estudiosos, el enfoque marxista se ha criticado por ser reduccionista (ver la equiparación del Estado con la superestructura de la base económica o la explicación de las

19

luchas políticas como una consecuencia exclusivamente del conflicto de clases).

Otros análisis se caracterizan por sostener, a diferencia de las interpretaciones instrumentalistas, que no todas las competencias estatales son rentables para el sistema capitalista. Según estos autores, el Estado de Bienestar desarrolla políticas heterogéneas respecto a sus fines; unas son beneficiosas para la acumulación capitalista, pero otras tienen como objetivo crear condiciones de legitimidad que permitan garantizar la paz social. Esa diferente naturaleza de las funciones estatales origina contradicciones de carácter económico o ideológico. Estas revisiones han conducido a considerar el Estado como un actor y no sólo como un instrumento del capital.

Se han destacado las tendencias corporativas de las sociedades como medio para solucionar el exceso de demandas sociales. Las prácticas corporativas, en tanto que posibilitan la participación de ciertas organizaciones de intereses sectoriales en las decisiones políticas, refuerzan las explicaciones elitistas en detrimento de la idea de participación abierta que subyace en los enfoques pluralistas.

El fenómeno corporativista implica tanto la institucionalización de un número limitado de grupos de intereses como la monopolización de la representación por esos grupos. La institucionalización permite la legítima dominación de las elites en lugar de que los grupos no estén controlados por el Estado y la participación en la adopción de decisiones sea ilimitada.

Por otra parte, los estudiosos del neocorporativismo[22] también se refieren a la autonomía del Estado y a la capacidad de imponer su poder en las negociaciones entre los intereses en conflicto.

En las últimas décadas los pluralistas han revisado las premisas iniciales, llegando a reconocer el predominio ejercicio por los grupos económicos sobre los de otra naturaleza. Al admitir los neopluralistas que la desigual distribución de poder económico proporciona mayores oportunidades de participación e influencia en las decisiones políticas, relativizan la idea transmitida por el vieja pluralismo sobre la competitividad y el carácter abierto del proceso político.

De acuerdo con estas revisiones introducidas en el pluralismo clásico que, por otra parte, suponen un acercamiento a las explicaciones de orientación marxista, el Estado no puede considerarse ya como un árbitro neutral. A pesar de la importancia de los intereses económicos, el neopluralismo hace hincapié en la importancia de los grupos dentro del proceso político y continúa defendiendo el carácter competitivo de éste en áreas en las que no son trascendentales los intereses económicos, en consecuencia siguen admitiendo que el capital no domina en su totalidad la elaboración de políticas públicas

Desde los años 80 resurgió el interés por las instituciones. El nuevo enfoque se presenta la

---

[22] El concepto de neocorporativismo, o corporativismo liberal, o corporatismo (siempre diferenciado del corporativismo organicista y autoritario) alude a situaciones que han tenido lugar durante la segunda posguerra en algunos países centro y nor-europeos. El neocorporativismo puede ser visto ya sea como un sistema institucionaliza do de representación de los intereses, ya sea como un sistema institucionaliza do de formación, decisión y ejecución de las políticas-programas de acción. El primer aspecto es principalmente estructural; el segundo es principalmente funcional. Ver RIQUELME, Juan Manuel O.: "*Corporativismo*", en BACA, Laura :Léxico de la Política, FLACSO, México,2000

novedad de tratar de combinar los presupuestos característicos de los estudios del comportamiento con los de institucionalismo tradicional.

Los apologistas del *"nuevo institucionalismo"*[23], a diferencia de los presupuestos clásicos centrados en el individuo, defienden que el comportamiento colectivo no se reduce al estudio de los comportamientos individuales. Se pone en cuestión que las instituciones, en general, y el Estado, en particular, sean meros escenarios neutrales donde se desarrollan los conflictos de intereses. Por el contrario, los nuevos institucionalistas admiten que los Estados son actores políticos y en consecuencia les reconocen autonomía. En definitiva, los fenómenos sociales no sólo son fruto de los intereses individuales sino de las características institucionales.

Una idea ampliamente compartida por los neoinstitucionalistas se refiere a que las instituciones condicionan las preferencias, es decir, la forma utilizada por los actores de lograr sus objetivos.

Sin embargo, el *"nuevo institucionalismo"* [24]no es una corriente homogénea. Las discrepancias surgen de los desacuerdos respecto al concepto de institución. De forma general, las instituciones se equiparan con *"las reglas del juego"*, pero para unos, el significado de

---

[23]   La corriente más destacada y concurrida del nuevo institucionalismo es la llamada *Law and Economics* o Economía del Derecho, que analiza los costes de transacción y los derechos de propiedad. Los nombres más destacados son los de Ronald COASE, Armen ALCHIAN, Harold DEMSETZ, Richard POSNER y Oliver WILLIAMSON. Otra fecunda corriente es la Economía Política Constitucional de James BUCHANAN desgajada o superadora de la más ortodoxa *Public Choice* o Elección Social. La Nueva Historia Económica de FOGEL y NORTH contempla también la historia como un proceso de evolución de instituciones. Hay que incluir también la teoría del capital humano de SCHULTZ o el análisis económico que hace Gary BECKER de las instituciones y funciones de la familia y el matrimonio.

[24]   POWELL, W. y P. DIMAGGIO: *El nuevo institucionalismo en el análisis organizacional.* Ciudad de México: FCE, 1999

institución es muy amplio al incluir en él a los sistemas simbólicos; para otros, las instituciones son las reglas formales y explícitas. Este concepto restringido de institución que excluye a las reglas informales como, por ejemplo, las culturales, es defendido por los teóricos próximos a la elección racional. También los neoinstitucionalistas mantienen posturas diferentes en relación con la fuente de la que surgen las preferencias: en unos casos, se sostiene que las preferencias son externas a las instituciones, no son creadas por éstas. En otros casos, se defiende que las preferencias son endógenas, es decir, consecuencia de la interacción entre los individuos y las instituciones. Otro motivo de desacuerdo estriba en los factores que influyen en el comportamiento dentro del contexto de la organización. Mientras que unas versiones hacen hincapié en los valores, otras lo hacen en las reglas formales.

La heterogeneidad de posturas en el seno del neoinstitucionalismo la sistematiza PETERS[25] en las siguientes corrientes:

1. *Institucionalismo normativo*: sostiene que una institución no es necesariamente una estructura formal sino un conjunto de valores y rutinas que defienden una acción apropiada de carácter normativo. Según esta corriente, los valores de las organizaciones, que son interiorizados por los individuos, afectan más al comportamiento individual que las estructuras o las reglas de procedimiento.

2. *Institucionalismo próximo a la Teoría de la Elección Racional*: las preferencias de los actores

---

[25]   PETERS, también acuñó el término «institucionalismo estructural». Ver GUY PETERS: *Development of Theories about Governance: Art Imitating Life?*, informe preparado para el Comité de Investigación sobre la Estructura y Organización de la conferencia gubernamental *Ten Years of Change*, University of Manchester, septiembre 1994.

son exógenas a las instituciones y se encuentran determinadas con anterioridad a la participación de aquellos en éstas. Según esta corriente, el comportamiento individual se encuentra conformado por reglas formados que son aceptadas por los actores debido a un cálculo racional y no por razones normativas o morales

3. *Institucionalismo histórico*: su idea central se refiere a que las opciones iniciales respecto a la creación de una institución o cuando se emprende una decisión política tendrán efectos en el futuro, produciéndose una inercia para la persistencia de la política inicial.

4. *Institucionalismo empírico:* esta perspectiva se centra en el análisis de la organización territorial y en el impacto de las diferencias entre parlamentarismo y presidencialismo

5. *Institucionalismo sociológico*: se focaliza en la interacción entre los grupos de interés y el Estado.

4.- La Autonomía del Estado según las concepciones de SKOCPOL y MANN[26]

Teresa Da Cunha Lopes

La idea de que el Estado goza de autonomía ha sido un tema abordado por SKOCPOL y MANN, cuyas contribuciones no son fáciles de clasificar en las categorías anteriormente

---

[26] Un buen punto de partida para el estudio de las posiciones de Skocpol y de Mann es el libro de HOBSON, J.M: *The Wealth of States: A Comparative Sociology of International Economic and Political Change*, Cambridge University Press, 1997

utilizadas.

Por autonomía del Estado, dice SKOCPOL, se entiende la capacidad de formular y perseguir objetivos que no sean simple reflejo de las demandas o de los intereses de los grupos sociales[27]. Según esta autora, la autonomía del Estado no procede de las elites sino de las instituciones. El Estado es un conjunto de instituciones militares, administrativas y políticas que responden a una lógica e intereses propios. Ello no le induce a rechazar que las elites estatales posean cierta autonomía. Así, las capacidades políticas de los actores como los grupos de interés o las clases, dependen de las estructuras y actividades del Estado.

Una postura ecléctica es la adoptada por MANN. Este autor no se identifica con ningún enfoque en particular, admite que tanto el marxismo como el elitismo y el pluralismo defienden ideas parcialmente válidas sobre el Estado. Así, acepta que los Estados modernos son capitalistas, aunque este carácter no es determinante. Comparte con las teorías elitistas que las elites estatales pueden constituirse en actores autónomos del poder (como las monarquías y los militares del siglo XIX). Por último, coincide con el pluralismo respecto a que el poder es ejercido por numerosos actores políticos.

Desde un planteamiento que puede interpretarse próximo al pluralismo, MANN defiende que los Estados no son actores unitarios. Las sociedades están integradas por diferentes redes de poder, ninguna de las cuales son determinantes. En particular, MANN tipifica cuatro fuentes de poder: la económica, la política o estatal, la militar y la metodológica. Cada una de

---

[27] SCKOPOL, Theda: *Social Policy in the United States*, Princeton University Press,1995

estas fuentes, excepto el poder político, se caracteriza por poseer unos recursos, unas funciones y unas organizaciones propias. Sin embargo, el Estado carece de unos recursos específicos, sus recursos son una combinación de los existentes en la sociedad. El factor que proporciona la autonomía del Estado es la institucionalización de sus funciones, organizaciones y recursos. Esta institucionalización proporciona, por otra parte, una organización centralizada. De esta institucionalización centralizada de manera territorial extrae el Estado, principalmente, su poder.

Para MANN[28], al igual que para SKOCPOL, la historia demuestra que el Estado es una necesidad de las sociedades civilizadas.

5.- Génesis del Estado Moderno

Teresa Da Cunha Lopes

Damián Arévalo Orozco

5.1.-La singularidad del Estado Moderno

El Estado es una realidad intrínsecamente unida a la modernidad europea, en sincronía histórica con el Renacimiento. Existen unas bases sólidas que subrayan la singularidad de este Estado Moderno en relación con la poliarquía medieval. Durante la etapa feudal, la unidad interna del Estado se hacía imposible como consecuencia del propio feudalismo y el peso de la Iglesia. Tampoco hay que olvidar la existencia de una idea imperial, superpuesta a la

---

[28] MANN, Michael: *The Sources of Social Power. The Rise of Classes and Nation-States, 1760-1914,* Cambridge University Press, Cambridge, 1993,

26

fragmentación medieval y contraria a la existencia de una pluralidad de Estados conviviendo en términos de relativa igualdad. Por otro lado, se ha subrayado en numerosas ocasiones la radical innovación que supone la creciente visión racional de la vida política y la creación de una organización administrativa singular para los nuevos Estados. Es decir, la existencia de una burocracia estatal supone un radical alejamiento de la confusión entre instancias de poder económico, social y político típicas de la etapa feudal[29].

Sin embargo, algunas de las innovaciones más significativas (ejércitos permanentes, unidades políticas de base territorial, burocracias públicas, etc.) no lo son realmente en relación a formas de organización política anteriores. También hay que tener en cuenta los límites de la supuesta orientación racionalizadora del recién nacido Estado. Incluso en aquellos temas en que se plasma el espíritu de los nuevos tiempos se hace visible el predominio de lo heredado y los límites del proceso de racionalización.

Conviene mostrarse especialmente precavidos contra el supuesto surgimiento del Estado Moderno como consecuencia de los esfuerzos de las monarquías autoritarias desde finales del siglo XVI. En primer lugar, por lo que ello supondría de supravaloración del papel de estas instancias políticas, pero, en segundo lugar, por la constatación histórica del lento despliegue de ese Estado.

---

[29]   Contrariamente a la opinión generalizada   y difundida por los autores marxistas, las estructuras típicas del feudalismo son relativamente raras en la Europa medieval y siempre localizadas en un área geográfica bien definida, en la Borgoña y el Dauphinois. Otras, como la Península Ibérica no tienen estructuras féudales, por la naturaleza misma de la Reconquista. Ver Georges DUBY: *Les trois ordres : ou, L'imaginaire du* feudalisme. Ed. Gallimard, Paris 1978

La Monarquía federativa, "pactista", es la tónica general del panorama europeo del momento.

El proceso general de construcción del Estado Moderno se caracteriza por una aceptación de la planta política anterior paulatinamente corregida por la introducción de nuevas instituciones y la superposición de nuevas instancias de poder regio a las tradicionales.

5.2.-La transición del feudalismo al capitalismo. Factores materiales en el surgimiento del estado moderno

A la hora de medir la incidencia real de este nuevo orden económico en las nuevas formas de organización política, existen diversas posturas. La idea de un Estado puesto por los nuevos capitalistas al servicio de sus intereses encaja bien con las posiciones marxistas clásicas. Sin embargo, otros autores, como ANDERSON, han defendido la estricta continuidad del poder nobiliario en las Monarquías autoritarias. Según esta postura, el Estado Moderno no sería otra cosa que la readaptación del gobierno feudal a los intereses de aquél.

Aceptando los límites de una explicación económica para el surgimiento del Estado Moderno, queda fuera de dudas la importancia de la profunda interacción entre el despegue capitalista y el desarrollo de los nuevos Estados. La economía mercantil y manufacturera necesitaba de unas políticas por parte de los poderes públicos imposibles de alcanzar con la supervivencia del feudalismo. Seguridad en el tráfico, mínima racionalidad fiscal y administrativa, estímulo y protección a las actividades de ese capitalismo, sellan la alianza objetiva de esa burguesía con los monarcas interesados en la construcción del Estado.

De todas formas, destaca el hecho del lento desarrollo de las formas capitalistas como consecuencia de la herencia medieval en lo económico, tanto en la mentalidad como en la pervivencia de determinadas instituciones (lucro honesto, precio justo, gremios y cofradías, explotaciones señoriales…)

La expansión demográfica que se registra en Europa occidental a partir del siglo XI va a tener importantes consecuencias sociales que, inevitablemente, arrastrarán cambios políticos. A ese crecimiento demográfico son atribuibles el auge de la colonización interior, el crecimiento de las ciudades y la expansión de la actividad agrícola, comercial e industrial.

Universalmente reconocido ha sido el influjo de la guerra en el alumbramiento del entramado institucional que caracteriza al Estado Moderno. Se ha llamado la atención sobre las novedades técnicas y de organización que caracterizan a los ejércitos de la modernidad:

1. su mayor tamaño,
2. a superioridad cuantitativa de las formaciones de infantería
3. la importancia de la artillería y las armas de fuego en general
4. rasgos de permanencia de los ejércitos
5. carácter mercenario
6. existencia de un cuerpo de oficiales profesionalizado

Hacer frente a sus crecientes costes exigía una reorganización general de los ingresos públicos. Se necesitaba una maquinaria burocrática capaz de sostenerlos económicamente en la guerra y en la paz, así como una infraestructura administrativa complementaria (diplomacia como fuente de información, por ejemplo). De todas formas, la obvia importancia de la guerra no debe ser exagerada como factor originario.

5.3.- Factores ideológicos y políticos en la génesis del Estado Moderno

También tuvo una importancia decisiva la ambición de los príncipes en su deseo de construir espacios políticos de carácter estatal. Las guerras civiles de finales del XIV y principios del XV en la mayor parte de Europa occidental representaron la oportunidad de construir un Estado Moderno bajo la sombra de su Monarquía autoritaria. De hecho, así fue como surgieron los Estados francés, inglés, español o prusiano.

En esa fuerza impulsora hacia la construcción de los nuevos Estados tiene un papel importante la idea del reino medieval; entre la poliarquía medieval y el Estado Moderno, este escalón intermedio, diferenciado de la nueva forma política por la ausencia de una idea definida de soberanía, juega un papel de primordial importancia en cuanto soporte de un difuso sentimiento de cohesión entre todos los territorios que ahora se pretende integrar de modo más sólido en ese Estado moderno.

La religión se convierte en factor innegable de influencia en este proceso. Cuando estalle la

Reforma, protestantes y católicos coincidirán en aportar al nuevo Estado una de sus más significativas fuentes de legitimidad. El Estado se convierte para las religiones en garantía de supervivencia. En este contexto poco tiene de extraño que se proceda a la sacralización de la cabeza del Estado. La tendencia protestante a hacer del príncipe la cabeza de la Iglesia, a la vez que la del Estado, le hacía participar en el simbolismo de un cuerpo místico. Naturalmente, los Monarcas católicos de la Contrarreforma, y de modo especial Felipe II de España, se esforzaron por obtener un estatuto semejante.

La recepción y divulgación del derecho romano constituye otro factor coadyuvante al proceso de gestación y afianzamiento del Estado Moderno. De hecho, hace posible no solamente el desarrollo de una inicial economía capitalista, sino que contribuye a la misma aceptación del hecho estatal, implícito de alguna manera en las categorías romanas de *civitas* y *república*. El derecho romano se funde con el influjo del Nuevo Testamento para conformar el pensamiento legal de Occidente. En última instancia, la idea de soberanía y la "razón de Estado" terminan de asentar ese modelo de organización política cuya construcción se ha iniciado con los albores de la modernidad.

Con el Renacimiento, surge la obra fundamental de MAQUIAVELO, "*El Príncipe*". Las técnicas de gobierno, el cómo conseguir la estabilidad y el orden políticos, son seguramente la clave de la obra maquiavélica. Las técnicas de gobierno deben ajustarse a un máximo realismo, lo que lleva a reconocer al gobernante la libertad de la que no puede gozar un simple ciudadano. Los actos de aquél no tienen otra medida que el logro de sus objetivos. Y para ello puede disponer de generosa indulgencia en todo cuanto hace en relación a los aspectos morales.

El príncipe triunfador debe ser sensible además a la importancia de la opinión. Resulta vital que sus súbditos le consideren armado de virtudes, con independencia de su real posesión, basta con que aparente poseerlas. Según MAQUIAVELO, un Príncipe debe inquietarse poco de las conspiraciones cuando el pueblo le tiene buena voluntad.

A su vez, HOBBES pasa del estudio de la conducta de las personas en relación a otras, al estudio de la política, desacralizando el absolutismo. Según su análisis, el instinto de la propia conservación mueve al hombre a cubrir sus necesidades. Sin embargo, la naturaleza humana ofrece un ideal de felicidad que no se presta a un fácil equilibrio, ya que siempre queremos más. Pero la adquisición de riquezas, honor, mando u otro poder sólo se consigue a través de la lucha con otros hombres que compiten por esos bienes, en una lucha sin fin, ya que la pura conservación de lo elegido aboca a la adquisición de nuevos bienes. Esta situación agónica se ve complicada por la aguda comprobación que hace HOBBES de la sustancial igualdad de poderes que caracteriza a los humanos.

La competición, la inseguridad y el deseo de gloria llevan a un estado de guerra permanente de todos contra todos. Una guerra en la que todo será válido por la ausencia de un derecho del que se derive cualquier sentido del bien o del mal, de la justicia o la injusticia.

El hombre está ligado por una *"leyes naturales"*. Se trata de reglas encontradas por la razón, por las cuales se le prohíbe al hombre hacer aquello que sea destructivo para su vida. Estas reglas o *"leyes naturales"* determinan que todo hombre está preocupado por la paz, tiene miedo a la guerra despiadada que implica el estado de naturaleza. Supone ello que *"el hombre está dispuesto a renunciar a su derecho a toda costa en pro de la paz y defensa propia que considera necesaria"*. El Estado, fruto de ese pacto, es la garantía de la paz, fuente de justicia y garantía de la propiedad. Por tanto, el Leviatán es *"una persona cuyos actos ha asumido como autora de una gran multitud, por pactos mutuos de unos contra otros, que puede usar la fuerza y los medios de todos ellos, según considere oportuno, para su paz y defensa común. El que carga con esta persona se denomina soberano y se dice que posee poder soberano. Cualquier otro es súbdito"*.

Un planteamiento de este tipo supone afirmaciones de honda significación. Por ejemplo, la base *"desacralizada"* de la República, el individualismo justificador de la misma. La lógica consecuencia de este individualismo es la artificiosidad del Estado contra la larga afirmación de su naturalidad. El artefacto nace por obra de un contrato.

5.4.-Las transformaciones del Estado Moderno: Reforma Protestante y avances científicos y técnicos

A lo largo de los siglos XVII y XVIII se va a ir gestando el nuevo Estado liberal, consecuencia lógica del Estado Moderno. A la hora de examinar la incidencia de la Reforma y los avances científicos y técnicos, debemos subrayar el carácter indirecto de esta transformación.

Además de la quiebra de la autoridad tradicional y la agudización de los aspectos más intimistas del hecho religioso, la contribución fundamental de la Reforma radicará obviamente en su defensa del individualismo, en cuanto cada persona pasa a ser el protagonista decisivo de la relación con la divinidad. Su otra gran contribución, la tolerancia religiosa, será más el fruto indirecto y tardío del combate europeo entre católicos y protestantes, que una derivación directa de las iglesias reformadas. Otra importante contribución protestante es la que hace el calvinismo al desarrollo del capitalismo. La creencia en la predestinación, la vieja visión de los poderosos como favoritos de los dioses, se unía a la existencia de una ética calvinista (individualismo, ahorro y disciplina social) animadora de una moral burguesa claramente funcional para el capitalismo.

El mundo moderno se caracteriza, entre otros rasgos, por una valoración del conocimiento científico, en nada parecida a la de la vida medieval. Del carácter secundario de la ciencia en un mundo dominado por el saber teológico y, complementariamente, por los conocimientos filosóficos y jurídicos, se va a pasar, gradualmente, al protagonismo de la ciencia.

Ya en el siglo XVII la ciencia conquistó a sus contemporáneos mostrándoles que estaban adquiriendo un poder sobre la naturaleza que de otro modo no podrían alcanzar. La teoría del progreso y el triunfo del espíritu racionalista eran consecuencias inevitables de este proceso.

Paralelamente, se va gestando desde el siglo XVI un ""*Iusnaturalismo*"" racionalista cuyos principios básicos podrían ser:

1. la autoridad no se origina en la divinidad sino en la decisión de los hombres, expresada mediante un contrato adecuado

2. la meta de toda organización política es de carácter secular y viene definida por los intereses individuales de sus ciudadanos y la suma de los mismos que es el bien común

3. el hombre, por su mera existencia, es sujeto de unos derechos que deben ser respetados por el estado.

El ""*Iusnaturalismo*"" será la expresión política más avanzada de un sentimiento preliberal en abierto choque con el absolutismo

Hasta muy entrado el proceso de transformación del Estado Moderno en Estado liberal, prima en la Europa occidental una concepción mercantilista de la vida económica. Ya en el siglo XVII son detectables, sin embargo, buen número de quejas, todavía no generales, contra una intervención económica estatal en relación a temas como los asentamientos de población, la falta de uniformidad de los salarios, etc. Habrá de ser en el campo de la producción agraria donde se hagan más explícitas las demandas de una actitud económica liberal. De todas formas, hay que esperar hasta principios del siglo XVIII para que el efecto combinado de la

35

racionalización de la propiedad agraria, el crecimiento demográfico y las innovaciones

tecnológicas ofrezcan como resultado el hecho de una revolución industrial, fundamento de

la mentalidad económica liberal.

A lo largo del siglo XVIII las Monarquías europeas, aunque ilustradas, seguían presentando

los rasgos de unos regímenes absolutos. En ellas y sus colonias serán evidentes los riesgos de

un estallido. Cuando al fin éste se produzca, empezando en EEUU y siguiendo en Francia, el

nuevo modelo estatal se fundamentaría en unos valores e instituciones acuñados a lo largos

de los dos siglos anteriores:

1. creencia en la libertad y la dignidad intrínseca de todos los hombres

2. confianza en el progreso

3. apuesta por la libertad económica aunque corregida por un elemental pragmatismo

4. soberanía nacional

5. división de poderes

6. imperio de la ley

7. representación política

Las contradicciones presentes en este primer liberalismo (limitación de los derechos políticos

por la práctica del voto censitario y la corrupción, la aceptación de la esclavitud en los

primeros estadios, el control del aparato político por la burguesía...) harán inevitable el

surgimiento de nuevas respuestas políticas con otros protagonistas sociales, pero se hará ya muy difícil la renuncia a las conquistas más profundas del liberalismo.

5.5.- El Estado Liberal y el Estado Liberal-Democrático

La génesis del Estado liberal suele explicarse oponiéndola a las estructurales despóticas y, en particular, a las monarquías absolutas.

El orden político del Antiguo Régimen se caracterizó por la tendencia a la concentración y a la personificación del poder político en la figura del monarca. El rey era, al mismo tiempo, legislador, juez y máximo titular del gobierno. El liberalismo se erige contra la pervivencia de los privilegios políticos, contra la nobleza y las prácticas gremiales que unidas a otros factores- diversidad de jurisdicciones, de aranceles, de pesos y medidas- obstaculizaban el desarrollo comercial.

El liberalismo no discutió que el Estado ostentase el monopolio normativo y el de la coacción legítima. Es más, fue en la época del Estado liberal cuando se consolida ese monopolio. Pero, frente al Estado absoluto, el Estado liberal estableció una nueva forma de organización política caracterizada por la limitación del poder y por la garantía de los derechos individuales.

La revolución inglesa en el siglo XVII y las revoluciones norteamericana y francesas en el siglo XVIII son los acontecimientos que marcan la ruptura con el Antiguo Régimen. El origen

37

de los revolucionarios era heterogéneo, por lo que se descarta que el inicio de la Revolución fuera impulsado por un conflicto consciente entre burgueses y aristócratas.

El Estado liberal se configura en Inglaterra durante un dilatado proceso comprendido entre los primeros años del siglo XVII y la Revolución Gloriosa (1688). Ese periodo se caracteriza por lo recurrente de los conflictos religiosos y el enfrentamiento entre la Corona y el Parlamento. Las rivalidades de ambas instituciones desembocaban, por un lado, en la redefinición de los límites de las prerrogativas regias frente a las prácticas tendentes a ampliarlas (por ejemplo, creación de impuestos excepcionales) y, por otro lado, en la reafirmación de los privilegios del Parlamento. La Revolución Gloriosa condujo a la victoria del Parlamento sobre la Corona y en las décadas siguientes se impuso la supremacía del Parlamento. Sin embargo, no fueron abolidos *"los burgos podridos"* y tampoco se produjo la separación entre la Iglesia y el Estado.

Cuando se fragua la revolución norteamericana el Rey y el Parlamento inglés eran la máxima autoridad en las trece colonias. La pretensión del Parlamento inglés de extender sus competencias fiscales en las colonias fue la mecha que encendió el conflicto. Los colonos exigieron que la aprobación de la imposición interna tuviera que contar con su consentimiento. Así, el conflicto se convierte en una *"guerra económica"* que terminará evolucionando en una guerra militar. En el II Congreso Continental, las colonias aprobaron la *"Declaración de Independencia"* (1776). Esta Declaración, basada en las *"leyes naturales de Dios"*, proclama la libertad e igualdad de los hombres y establece que todo gobierno, cuya finalidad no es otra que la garantía de los derechos inalienables, tiene que descansar en el consentimiento de los gobernados.

La formación del Estado liberal en Estados Unidos parte de unos presupuestos distintos a los del continente europeo. La limitación del poder político no tiene por objeto a un soberano indivisible y legislador absoluto cuyo titular sea el rey, sino a la clase dirigente en defensa de los derechos individuales.

A su vez, en el continente, durante la época de la monarquía absoluta en Francia se había roto el equilibrio entre la monarquía y las asambleas estamentales. Ante la situación económica desastrosa, el rey Luis XVI convoca los Estados Generales. El *"Tercer Estado"* se opuso a la reunión de los tres estados por separado, según era tradicional, y se constituyó en Asamblea Nacional de la que surgió la *"Declaración de los Derechos del Hombre y del Ciudadano"* (1789). Los principios consagrados en la *Declaración* y en la Constitución de 1791, la primera de la Revolución, son exponentes del fin del Antiguo Régimen y del inicio de una nueva época.

Ambos documentos proclaman la soberanía nacional y el fin de la legitimidad monárquica. La Constitución de 1791 recoge la forma monárquica, sin embargo, el rey se encuentra sometido a la soberanía de la ley y se le concibe como delegado de la nación. Este texto constitucional establece la división de poderes y confiere al legislativo el predominio. Al monarca se le atribuye el veto suspensivo pero no posee la función de convocar, suspender o disolver a la Asamblea.

5.5.1.-El liberalismo: Fundamentos ideológicos

Aunque el liberalismo no es un todo homogéneo, sino que engloba diferentes corrientes, tiene como punto de partida la Declaración de los Derechos del Hombre y la igualdad de todos los seres humanos ante la ley, así como el derecho a intervenir en algún grado en las cuestiones de gobierno.

Los descubrimientos científicos producidos a partir del siglo XVI, la filosofía empírica y las ideas de la Ilustración constituyen los elementos básicos para comprender la fundamentación del liberalismo, desarrollados a partir de la independencia de EEUU y la Revolución Francesa.

La ideología liberal corre, al principio, pareja con el ascenso de la burguesía en Europa, y se consolida con la Revolución industrial. Hacia mediados del siglo XIX el liberalismo ha tomado carta de naturaleza y podríamos destacar sus rasgos principales:

1. *Racionalismo*, el principal instrumento del hombre para entender el mundo es la razón.

2. *Progreso*, la capacidad de dominar la naturaleza es infinita por parte de la ciencia

3. *Naturaleza*, lo natural es el modelo en que debemos inspirarnos para actuar de acuerdo

40

con ella.

4. *Elitismo*, solo una minoría está capacitada para dirigir. Con el tiempo el liberalismo fue democratizándose y aceptando la capacidad de todos para intervenir en los asuntos públicos.

5. *Universalismo*, la ideología liberal se creyó siempre universalista, adaptable a todos los lugares y latitudes

6. *Individualismo*, idea que se relaciona con la tolerancia e instrucción. El Estado debe proteger los derechos individuales, aunque al principio esto solo será potestad de una minoría. También el individualismo económico propugna la libre competencia y la libertad de creación de empresas.

A la concepción de un nuevo orden político opuesto al absolutista y a la autoridad de la Iglesia contribuyeron las ideas formuladas, en los siglos XVII y XVIII, por LOCKE, HUME, MONTESQUIEU, SIEYÈS, Adam SMITH, MADISON y KANT.

Los principios más representativos del liberalismo clásico fueron expuestos por John LOCKE, quien defiende que las creencias religiosas competen a la decisión de los individuos, así como el respeto a todas las religiones y el derecho a disentir en esta materia. Con el tiempo, el reconocimiento de la libertad religiosa condujo al reconocimiento de la libertad política. La libertad de religión no sólo implicó la libertad de culto, también la libertad de asociación y la

libertad de pensamiento.

De acuerdo con la corriente iusnaturalista, LOCKE sostiene que el individuo es titular de

unos derechos innatos o inviolables. El derecho a la vida, a la libertad y a la propiedad o

posesiones son atributos que nacen con el hombre y son anteriores a todo grupo social. Según

LOCKE, la constitución de cualquier comunidad política estuvo precedida de una situación

en la que los individuos vivían en un "estado de naturaleza" donde todas las personas eran

libres, no estaban sometidas a ninguna voluntad ajena y disfrutaban de los derechos

naturales.

La concepción de LOCKE del "*estado de naturaleza*" difiere de la expuesta por HOBBES. No es

equiparable a una situación de guerra de todos contra todos porque rige la ley natural cuyo

contenido está determinado por la razón y es reconocible a través de ella. Sin embargo, el

estado de naturaleza posee riesgos. En él todos los hombres tienen las mismas facultades para

defender sus derechos y recurrir a la violencia de forma individual. Estos riesgos hacen

inevitable que los hombres pacten entre ellos la renuncia a aplicar la ley natural por sí

mismos y la creación de la sociedad política.

A partir de estos planteamientos, la sociedad y el poder político no pueden fundamentarse ya

ni en la divinidad ni en la herencia sino en el consentimiento expreso o tácito de los miembros

de la sociedad. El poder político que surge del pacto y se asienta en el consentimiento de los individuos tiene como objetivo garantizar los derechos naturales. Es decir, las competencias del Estado se restringen a la salvaguarda de los derechos individuales, a dirimir los conflictos y asegurar la paz.

La explicación de LOCKE sobre el origen de la sociedad política no es compartida por otros autores liberales como HUME o Adam SMITH

HUME no niega que el pacto hubiera sido el origen de la sociedad política en un pasado remoto, pero esta teoría no es válida para fundamentar la obediencia de las generaciones siguientes. Las obligaciones políticas no son consecuencia de la razón sino de la lealtad. El hecho de que las personas nazcan en una sociedad política establecida genera cierta lealtad hacia ella. Además, los individuos poseen unas necesidades imposibles de satisfacer aisladamente, lo que les induce a vivir en sociedad. No es, por lo tanto, el instinto natural la base de la obediencia ni el pacto el origen de la sociedad. Es la utilidad la causa de la existencia de la sociedad, del Estado y la responsable de que los individuos acepten las obligaciones.

Adam SMITH, desde una perspectiva utilitarista, formula la teoría más característica del pensamiento liberal económico. El utilitarismo, que más tarde será desarrollado por BENTHAM, sostiene que el comportamiento individual se rige por el móvil de maximizar el placer y evitar el dolor. Si todas las personas poseen libertad para satisfacer sus objetivos, el resultado será la *"mayor felicidad para el mayor número"*.

43

En coherencia con este principio, Adam SMITH en su obra *"La riqueza de las naciones"* (1776) expone que el libre mercado es una condición ineludible para el desarrollo económico. El interés personal es la clave del bienestar de la sociedad en su conjunto. El mercado permite la armonización de los intereses divergentes sin necesidad de la intervención del Estado. En consecuencia, la economía debe regirse por el principio del *"laissez faire"* y las limitaciones emanadas de la organización gremial eran interpretadas como un obstáculo para el desarrollo económico.

El núcleo de la ideología liberal se plasma en la *"Declaración de los Derechos del Hombre y del Ciudadano"* donde se proclama que *"los hombres nacen y permanecen libres e iguales en derechos"*. El Estado liberal extrae de la libertad y de la igualdad su legitimación ideológica.

La libertad fue definida por MONTESQUIEU como el derecho de hacer todo lo que las leyes no prohíben. El reconocimiento del derecho a la libertad pretende proteger el ámbito de actividad de los ciudadanos de las injerencias del poder político. Sólo la necesidad de garantizar la libertad ajena justifica la intervención del Estado en la vida privada.

La igualdad defendida por el liberalismo es la igualdad ante la ley y la igualdad de derechos. Su reconocimiento implica que todos los ciudadanos se someten a las mismas leyes, a diferencia de otras épocas en las que el status jurídico de los individuos estaba determinado por razones territoriales y sociales.

El liberalismo se caracteriza por basarse en una concepción individualista[30]. Se trata de una ideología cuya esencia es el individuo, no los grupos, y sitúa los valores individuales por encima de los colectivos. A diferencia de la época medieval, en la que los sujetos de las libertades son las entidades corporativas, en la época moderna los titulares son los individuos.

Por otro lado, el liberalismo no defiende la debilidad del Estado. Su crítica se centra en el poder ilimitado e irresponsable y frente a él propugna el sometimiento de la actividad estatal a lo establecido en las normas. El ideal de los liberales no es la sociedad sin gobierno. De hecho, el Estado es considerado esencial para la existencia de la libertad.

6.- Soberanía nacional y Estado representativo

Teresa Da Cunha Lopes

El concepto de soberanía nacional expresa la idea de que la nación o el pueblo es el único titular del que emana el poder del Estado. Frente a los privilegios y la representación estamental, lo que constituye a la nación es la ley y la representación común. Existe una nueva concepción del Derecho, integrado por normas de validez general. Por otra parte, la reclamación general exigida por el Tercer Estado para tener influencia en la vida política consiste en tener verdaderos representantes que defiendan sus intereses.

---

[30] Ver KRASNER, S.: *Structural Conflict: the Third World against Global Liberalism*, Berkeley, 1985 (en esp., S. KRASNER: *Conflicto estructural. El Tercer Mundo contra el liberalismo global*, GEL, Buenos Aires, 1989

Desde el punto de vista institucional, el Estado liberal se configura como un Estado representativo. Es decir, los ciudadanos participan en el gobierno no directamente sino a través de sus representantes.

Bajo el liberalismo se engloban propuestas heterogéneas. Durante el siglo XIX prevalecieron los presupuestos del liberalismo doctrinario, que propugnaba el principio de la *soberanía compartida*. Es decir, la soberanía recae en el Rey y en el Parlamento. De acuerdo con este principio, los gobiernos deben gozar de la confianza de ambas instituciones y al monarca se le reconoce iniciativa legislativa y el veto legislativo. Además, el liberalismo doctrinario es partidario del sufragio restringido por razones censitarias y capacitarias.

6.1.-La división de poderes

La división de poderes fue estudiada por LOCKE, quien diferencia tres poderes: el legislativo, el ejecutivo y el federativo. Al primero le corresponde determinar a través de las leyes cómo se utilizará la fuerza del Estado para la preservación de la comunidad y la de sus miembros. LOCKE esgrime tres razones para justificar que el poder legislativo no esté en las mismas manos que el ejecutivo y lo ejercite una asamblea:

1. Porque la aprobación de las leyes no exige que las legislaturas estén permanentemente en activo
2. Porque dada la fragilidad de los hombres, podrían tener la tentación de hacer y ejecutar la ley en beneficio propio.

46

3. Porque es necesario un poder que esté siempre en activo y separado del legislativo debido a que las leyes necesitan ser ejecutadas y respetadas sin interrupción

Finalmente, el cometido del poder federativo es hacer la guerra y la paz, establecer alianzas y concluir los tratados. Se trata de un poder encargado de la seguridad y del interés en los asuntos externos. Aunque este poder es distinto del ejecutivo, es conveniente que ambos poderes sean atribuidos a titulares distintos.

Sin embargo, se debe a MONTESQUIEU la formulación más influyente del principio de la división de poderes. Su repercusión fue inmediata, plasmándose en la Constitución americana de 1776 y en la francesa de 1791. La idea, expuesta en la obra *Del espíritu de las leyes*, de que todo poder tiende al abuso está en la base del pensamiento de nuestro autor. La única forma de evitar esta inclinación consiste en que el poder contenga al mismo poder.

MONTESQUIEU sostiene que en todo Estado existen tres clases de poderes[31]:

1. El poder legislativo es la "voluntad general del Estado", su función es la de promulgar las leyes y la de enmendar o derogar las existentes

2. El poder ejecutivo, se identifica con el poder de "la ejecución de la voluntad general", él "dispone de la guerra y de la paz, envía o recibe embajadores, establece la

---

[31]   VACHET, André: *"Division de pouvoir et intégration social: de Montesquieu à la crise actuelle du parlementarisme"*. En *Canadian Journal of Political Science / Revue canadienne de Science Politique*, Vol. 1, No. 3 (Sep., 1968), pp. 261-269

seguridad, previene de las invasiones"

3. El poder judicial es el encargado de castigar los delitos o juzgar las diferencias entre particulares. Este poder es, "en cierto modo nulo", los jueces no son "más que el instrumento que pronuncia las palabras de la ley"

Según este autor, las funciones descritas no pueden concentrarse en un mismo titular. "El poder ejecutivo debe estar en manos de un monarca, porque esta parte del gobierno está mejor administrada por una sola persona que por varias; y al contrario, las cosas concernientes al poder legislativo se ordenan mejor por varios que por uno sólo". El poder legislativo lo concibe MONTESQUIEU, compuesto por dos partes, una integrada por los representantes del pueblo y la otra confiada a los nobles. Finalmente, el poder de juzgar recae en los tribunales de justicia.

La independencia de los poderes se garantiza mediante su separación orgánica pero ésta no implica una separación absoluta de unos respecto a otros. Por el contrario, MONTESQUIEU defiende el establecimiento de controles recíprocos para conseguir el equilibrio del poder. Según su propuesta, la convocatoria del Parlamento depende del ejecutivo, al primero le corresponde la aprobación de las leyes pero éstas tienen que contar con la sanción del Rey. También al poder legislativo le confiere poderes judiciales extraordinarios.

Se ha reiterado que el Principio de la División de Poderes se basaba en una de las ideas más antiguas de la Teoría Política, observándose un claro paralelismo con el concepto de gobierno mixto que tiene su referente en la obra de POLIBIO.

POLIBIO distingue tres formas de gobierno buenas (la monarquía, la aristocracia y la democracia) y tres formas corruptas (la tiranía, la oligarquía y la *oclocracia* o tiranía de la plebe). Cada una de las formas buenas de gobierno posee una predisposición a degenerar en su contrario. Las seis formas se suceden unas a otras por periodos cíclicos. En consecuencia, las formas de gobierno buenas, además de inestables, no son recomendables aisladamente. La solución la encuentra POLIBIO en una constitución que se la síntesis de las tres. La combinación permitiría neutralizar esta tendencia al evitar que ninguna predominase. La constitución romana, a juicio de POLIBIO, era el prototipo del gobierno mixto. El cónsul, el senado y los comicios del pueblo eran los órganos de gobierno de esta constitución, cuyo poder corresponde, respectivamente, con el principio monárquico, el aristocrático y el democrático.

Otros autores consideran que la aportación de MONTESQUIEU es una formulación nueva. La novedad estriba en las siguientes razones:

A la atribución precisa de cada función del Estado a un órgano específico, aspecto que ninguna teoría anterior recoge. MONTESQUIEU, al asignar cada función al órgano más idóneo, transforma la división de poderes en un sistema basado en una racionalidad funcional.

49

MONTESQUIEU no se limita a describir una situación existente, sino que propone un modelo de validez universal. Sin embargo, el problema que se proponía MONTESQUIEU no era tanto distinguir las funciones del Estado y atribuirla a los órganos más adecuados sino repartir el poder entre las fuerzas sociales del Antiguo Régimen. Por otro lado, es indiscutible la relevancia atribuida por MONTESQUIEU a los cuerpos intermedios como medio de evitar el despotismo de las monarquías, forma de gobierno que, por otra parte, constituye su ideal político.

El principio de MONTESQUIEU inspiró tres modelos distintos de organización del poder: el régimen parlamentario, el régimen presidencialista y el régimen de asamblea. Además de la inexistencia de una correspondencia estricta entre las funciones y los poderes estatales desde el inicio, las funciones del Estado aumentaron debido a la implantación de las políticas de bienestar. Esta nueva situación contribuyó a hacer más problemática la relación entre poderes y funciones. Asimismo, el desarrollo de los partidos de masas planteó un nuevo escenario. El hecho de que coincida la fuerza partidista en la que se apoya el gobierno y la mayoría parlamentaria difumina la división entre el poder ejecutivo y el poder legislativo, además de producirse cierta quiebra en el equilibrio entre ambos poderes desde el momento en que el Parlamento deja de ser el principal órgano de control del gobierno. En este contexto, la función de control emana, principalmente, de la oposición o minoría parlamentaria.

A pesar de sus imprecisiones conceptuales, su contenido aún está vigente y continúa siendo un criterio orientador de la organización del Estado.

7.- EL Estado y el Fenómeno de la Globalización y de la Sociedad de la Información y del Conocimiento

Teresa Da Cunha Lopes

Ma. Elena Pineda Solorio

7.1 El debate de la crisis del Estado soberano: la quiebra de la soberanía

En el último decenio del siglo XX se ha originado un amplio debate acerca de la supervivencia del Estado[32]. El fenómeno de la mundialización, y en particular la mundialización económica, en concomitancia con otros factores como la sobrecarga del Estado, los conflictos derivados del pluralismo cultural y los procesos supranacionales, han suscitado una intensa discusión respecto a sus repercusiones en las estructuras estatales[33]. Este contexto ha sido llevado al extremo por la emergencia de la Sociedad de la Información y del Conocimiento.

BELL critica la inadecuación del tamaño del Estado. Según este autor, se trata de una

---

[32]   FUKUYAMA, Francis: *State-Building: Governance and World Order in the 21st Century*. Ithaca, NY: Cornell University Press, 2004

[33]   LEIBHOLZ, G.: *Problemas fundamentales de la democracia moderna*, Centro de Estudios Políticos, Madrid, 1971.

51

estructura demasiado pequeña para abordar los grandes problemas y demasiado grande para

solucionar los pequeños. Desde estas perspectivas, el Estado se erosiona en dos direcciones

divergentes: hacia arriba por la cesión de soberanía a organizaciones supranacionales, hacia

abajo por la descentralización de competencias hacia gobiernos regionales y locales. En este

último sentido, la pérdida de control estatal sobre las actividades que se desarrollan en los

respectivos territorios se ha valorado como una limitación de poder y, en consecuencia, como

una quiebra de la soberanía.

Estudios ya clásicos definen la soberanía como la autoridad legítima y suprema dentro de un

territorio. El componente central de esta definición es la supremacía, término que distingue a

la autoridad del Estado de otras autoridades, e implica que el soberano es la autoridad última

de una comunidad, aquella instancia cuyas decisiones no pueden recurrirse ante otra. La

autoridad suprema se proyecta en dos direcciones, que remiten ambas a la idea de

independencia:

1. La soberanía interna se manifiesta sobre todos los que viven en un territorio

   determinado.

2. La soberanía externa supone la inexistencia de una autoridad suprema más allá de las

   fronteras nacionales porque también significa independencia respecto a autoridades

   exteriores.

En resumen, la soberanía se define por la no sujeción a otra autoridad, tanto en el ámbito interno como externo. De acuerdo con este planteamiento, no se confunde con poder. Autoridad y poder son términos conexos pero no equivalentes. La legítima autoridad confiere poder pero no es sólo poder.

KRASNER[34] hace una clasificación de los significados de soberanía. Tipifica cuatro categorías:

1. La soberanía interna: se refiere a la organización formal de la autoridad política dentro del Estado y a la capacidad de las autoridades políticas para ejercer el control dentro de las fronteras del propio territorio.

2. La soberanía interdependiente: es la capacidad de las autoridades públicas para controlar los movimientos de información, ideas, mercancías, personas o capital a través de las fronteras del Estado.

3. La soberanía jurídica internacional: se refiere a las prácticas relacionadas con el mutuo reconocimiento

4. La soberanía westfaliana: designa a las organizaciones políticas basadas en la exclusión de actores externos en las estructuras de autoridad de un territorio determinado.

7.2.-Los Conceptos De Mundialización, Globalización y Sociedad de la Información

---

[34] KRASNER, S.: *Sovereignty. Organized Hypocrisy.* Princeton University Press, Princeton, 1999

Los términos de mundialización[35], y el de globalización[36], comienzan a utilizarse a mediados de los años 80. Entre los factores que los han impulsado destaca la revolución técnica en el ámbito de las comunicaciones que ha tenido como efecto una reducción de sus costes y de su velocidad. Pero, aún siendo importante el factor tecnológico, la mundialización no puede explicarse, exclusivamente, por esta causa. Diferentes autores sostienen la incidencia de la ideología en el desarrollo de la globalización.

En uno u otro caso, ¿qué se entiende por este fenómeno? En líneas generales, entre los conceptos que se han formulado de globalización cabe distinguir dos posturas: a) los que consideran que se trata de un fenómeno de naturaleza esencialmente económica; b) los que le atribuyen una naturaleza polimorfa

En el primer sentido, el término globalización[37] se adopta para dar cuenta de la interdependencia de las economías nacionales y la tendencia a la creación de un único mercado de ámbito planetario. Según DUBOIS, la globalización sería un concepto comprensivo y superador de los términos de internacionalización y transnacionalización. El primero alude a la interrelación de las economías nacionales producida por la expansión del

[35] Ver: TORRENT SELLENS, Juan, VILLASECA, Jordi y SAINZ GONZÁLEZ, Jorge, Curso *Nueva Economía y E-business*, 2006, Fundación Per a la Universitat Oberta de Catalunya, Barcelona: El proceso de mundialización del capitalismo y la actual revolución tecnológica basada en la información y el conocimiento son los elementos fundamentales que caracterizan a la nueva economía. La economía del conocimiento no es exclusivamente un sector económico, sino que supone un cambio en la estructura económica de las economías tradicionales. El cambio en los procesos productivos y organizativos, la aparición de nuevas mercancías, los aumentos de productividad y la nueva estructura de la demanda (cambios en las pautas de consumo e inversión y elevada difusión internacional de la tecnología) son algunos elementos de la nueva economía basada en el conocimiento.

[36] SEN, Amartya: *"Ten Thesis on Globalization"*, en New Perspectives Quaterly, Fall, 2001
[37]

comercio internacional. El segundo al aumento de las empresas transnacionales, lo que implica que éstas no estén centralizadas territorialmente, pues ningún país acumularía todas las etapas productivas. Por lo tanto, los términos de internacionalización y transnacionalización, referidos a la economía, se circunscriben al comercio y a la producción. En cambio, la globalización económica abarca la difusión del comercio, de la producción, del consumo y de la inversión.

En el segundo sentido, se interpreta que la globalización excede del ámbito económico, sería un proceso que abarca a las transacciones sociales de todo tipo. BECK sostiene que este fenómeno se extiende a la información, a la ecología, a la cultura- debido al consumo de productos idénticos en todo el planeta- y al trabajo. Sin en otras épocas, dice Beck, la actividad social estaba delimitada por las fronteras sociales de forma que el contorno de la sociedad coincidía con el de los Estados, en la actualidad las fronteras se han difuminado; de ahí que Beck identifique la globalización con la sociedad mundial.

El alcance de la globalización genera polémicas a las que contribuye el hecho de se trata de un proceso abierto cuya evolución puede seguir diferentes tendencias. Mientras que para unos, la actualidad conduce a la formación de mercados globales integrados en los que la competencia sería global y los factores de producción circularían en función de la oferta y de la demanda; para otros, el incremento de la interconexión de la actividad económica en todo el mundo acentúa el desarrollo desigual entre los diferentes países. En este sentido, según GRAY, tampoco la globalización implica una tendencia a la homogeneización porque son las disimilitudes y no las similitudes en infraestructuras, salarios o capital humano las que

posibilitan las ganancias. Asimismo, se discute que la globalización de la economía lleve

consigo el avance de un mismo tipo de capitalismo, en concreto, el modelo de *laissez faire*

norteamericano. La experiencia demuestra la existencia de variedades de capitalismos

divergentes del anglosajón.

Estos argumentos se sitúan, pues, en las antípodas de los esgrimidos por los defensores de la

globalización, quienes consideran que los mercados globales harán al mundo en su conjunto

más rico, ya que la deslocalización de la economía permite aumentar las oportunidades de los

países menos desarrollados.

Por otra parte, la globalización económica se encuentra limitada en el espacio a algunas

zonas. En concreto, a Asia del Este, Norteamérica y Europa Occidental. Además, no toda la

actividad económica puede calificarse como mundial. En estricto sentido, únicamente en el

ámbito financiero puede hablarse de un mercado unificado.

También es dudoso que la emergente cultural global termine por erosionar las culturas

nacionales. Los procesos de globalización contienen tendencias homogeneizadoras pero

coexisten con procesos fragmentadores. El resurgimiento de los etno-nacionalismos ha sido

simultáneo a las fuerzas de la mundialización. Los movimientos nacionalistas se han

interpretado como una respuesta reactiva a estas fuerzas y a la homogeneización que

conllevan. La globalización de la información se ha valorado como un factor que contribuye a alimentar la conciencia de las diferencias aunque, al mismo tiempo, es improbable que no repercuta en las culturas e identidades nacionales. Una de las fuerzas motoras de la globalización, pero no la única es la mundialización de la Economía.

Hay autores que opinan que hoy en día puede hablarse de la existencia de un sistema capitalista global. En opinión de SOROS, la economía global se caracteriza más por la libre circulación de capitales que por el libre comercio de bienes y servicios. La movilidad del capital interrelaciona los tipos de intereses, los tipos de cambio y las cotizaciones de las acciones de todos los países, lo que repercute ampliamente sobre la situación económica.

La transformación del sistema monetario internacional se produjo a raíz de la quiebra de los acuerdos de BRETTON WOODS[38] a principios de los años 70. Estos acuerdos habían establecido, inspirándose en la teoría keynesiana, el control de los movimientos de capital y de los tipos de cambio fijo. Según esta teoría, la libre movilidad de capital es incompatible con la estabilidad macroeconómica y el pleno empleo. Con ello, el objetivo era evitar la especulación de capital.

Pero en el contexto creado por la crisis económica de los años 71-73 emergió un nuevo orden financiero caracterizado por la desregulación y, en consecuencia, por la libertad de los

---

[38] Los Acuerdos de Bretton Woods son las resoluciones de la *Conferencia Monetaria y Financiera de las Naciones Unidas*, realizada en el complejo hotelero de Bretton Woods, (Nueva Hampshire), entre el 1 y el 22 de julio de 1944, donde se establecieron las reglas para las relaciones comerciales y financieras entre los países más industrializados del mundo, bajo una perspectiva teórica eminentemente Keynesiana. En él se decidió la creación del Banco Mundial y del Fondo Monetario Internacional y el uso del dólar como moneda internacional. Esas organizaciones se volvieron operacionales en 1946. El orden mundial instaurado por Bretton Woods fue destruido por el impacto de la crisis del petróleo (inicios de los setenta) en las economías occidentales y de la crítica al keynesianismo liderada por la Escuela de Chicago.

movimientos de capital y por la flexibilidad de los tipos de cambio. La desregulación se ha

basado en dos argumentos:

1. La confianza en la capacidad de los mercados financieros internacionales para

    mantener y fijar el precio de equilibrio de los activos financieros de acuerdo con las

    condiciones de la economía. Se defiende que la libre circulación de capitales a escala

    internacional produce una mejor asignación de recursos, ya que el capital circulará

    desde los sectores y países cuya rentabilidad sea menor hasta aquellos sectores y países

    donde la inversión sea más productiva.

2. La interdependencia de los mercados financieros reduce la capacidad de los Estados

    para establecer políticas económicas nacionales. La desregulación del capital propicia

    la movilidad de las inversiones, ya que el capital no necesariamente permanece donde

    se ha acumulado. Las fronteras se desdibujan, el sistema económico se vuelve más

    global, de forma que el ámbito económico no se corresponde con un determinado

    contorno político y, en consecuencia, se plantean obstáculos para someterlo a un poder

    político concreto. La tendencia a la globalidad de la economía tiene repercusiones en el

    Estado.

Pero, ¿los mercados globales erosionan la soberanía hasta el punto de que se plantee la

necesidad de que el Estado sea superado? Estas cuestiones inducen a analizar la relación

entre soberanía y economía.

El concepto de soberanía se aplica, sobre todo, a la autoridad legítima de un territorio, no se trata de una cuestión económica. De acuerdo con la teoría clásica, el atributo característico de la soberanía es el de dar las leyes, atributo que no ostenta ninguna otra autoridad, sino que es monopolizado por el soberano.

No obstante, debe reconocerse que el concepto de soberanía ha tenido repercusiones para la creación de espacios económicos integrados. El Estado fue un instrumento útil para el desarrollo del mercado, no sólo por ser garante de la ley y el orden, sino debido a que ciertas políticas pudieron implantar barreras aduaneras internas, la creación de sistemas comunes de pesas y medidas, el establecimiento de una moneda común... Desde estas perspectivas, puede admitirse con Cohen que "el mercado sería una institución procedente del poder soberano al mismo nivel que otras instituciones". Por tanto, es evidente la interrelación entre poder político y poder económico. El capitalismo reforzó al Estado por su necesidad de regulación, tanto interna como externa. Por su parte, el Estado dependía financieramente de ese capitalismo, circunstancias que desembocaron en la creación de una organización centralizada territorialmente. De todas formas, históricamente, la economía no formó parte de las funciones nucleares del Estado sino que éstas constituyeron un límite a su poder. La soberanía nunca fue un poder omnímodo en la economía, salvo excepciones como los Estados socialistas.

Sin duda, desde los años 80 ha adquirido un claro predominio la idea de que el equilibrio del libre mercado no necesita de la interferencia política sino que depende, únicamente, de la estabilidad monetaria y fiscal. Sin embargo, la posibilidad de que el mercado prescinda de una autoridad colectiva ha sido rebatida desde diferentes frentes. Por ejemplo, SOROS sostiene que atribuir una autoridad absoluta a las fuerzas del mercado puede desembocar "en el desmoronamiento del sistema capitalista global". El capitalismo sin control puede terminar destruyéndose a sí mismo. En un sentido similar, autores como STRANGE o GRAY desmienten que los mercados puedan autorregularse e impedir por sí mismos los trastornos económicos. En consecuencia, según estas posturas, se defiende que la estabilidad de los mercados depende de la regulación, objetivo que ha de emanar del poder político.

En resumen, por un lado es discutible que los mercados globales puedan subsistir a través de sus propios mecanismos y sin el concurso del poder político, pero, por otro lado, no hay que subvalorar los efectos de los mercados financieros globales sobre las funciones económicas de los Estados. La movilidad del capital obstaculiza la adopción de políticas de empleo o de políticas fiscales gravosas para el capital, porque éste siempre tendrá la posibilidad de instalarse allí donde las condiciones sean más ventajosas. Sin embargo, reconocer que los mercados financieros globales han creado una nueva situación respecto a la iniciada en la segunda posguerra no implica que los Estados se hayan convertido en una organización carente de sentido.

Aunque el Estado haya perdido autonomía respecto a la economía, sigue siendo un actor útil. Es evidente la incidencia de las ayudas a la exportación en el desarrollo de los sectores industriales o cómo los servicios de educación e investigación favorecen el desarrollo económico. La obsolescencia del Estado es un mito: un mito tras el que subyace un cambio de las funciones estatales.

La revisión a la que se ha sometido la intervención del Estado en la economía pareció entrar en un nuevo punto de inflexión tras los actos terroristas del 11 de septiembre de 2001 en EEUU. A partir de esta fecha las políticas seguidas se han distanciado de las directrices neoliberales y se han vuelto a inspirar en el keynesianismo. Ejemplo de ello son algunas de las medidas adoptadas por el gobierno americano, que aprobó un elenco de medidas para contrarrestar la incertidumbre de los agentes económicos: reducción del precio del dinero, aumento de los gastos de defensa, concesión de ayudas directas a las compañías aéreas. Es decir, una vez más, ante una situación de crisis, la reactivación económica requirió la iniciativa del Estado. Algunos autores ya han apuntado que vamos hacia una era en la que prevalecerá la idea de que dejarlo todo al mercado no funciona y que el Estado debe desempeñar un papel más importante.

7.2.1.-La sobrecarga del Estado

El embate que afecta al Estado no proviene sólo del neoliberalismo. La relación entre Estado y sociedad ha sido, igualmente, revisada desde la izquierda[39]. En épocas anteriores ciertas

---

[39]   GIDDENS, Antony : *The Third Way: the renewal of social democracy*. Cambridge: Polity Press,1998

corrientes socialistas defendieron la necesidad del Estado para acometer la reforma social. Sin embargo, se señala que este planteamiento ha inducido a identificar al socialismo con la burocracia y el control social. En esta situación, ciertas corrientes socialistas defienden la ruptura del socialismo con su vinculación estatalista y la revitalización de la sociedad civil para aumentar su autonomía y limitar el alcance de la acción estatal.

En la década de los 60 y de los 70 se sostuvo que el Estado se encontraba sobrecargado debido al aumento de las demandas sociales dirigidas a él y a sus dificultades para darles satisfacción[40]. Según estos planteamientos, la incapacidad del Estado para dirigir o imponer decisiones provocaba una crisis de gobernabilidad, que ha intento explicarse a partir de los teoremas de la imposibilidad. Estos teoremas, cuya primera enunciación fue formulada por ARROW, mantienen la tesis de la imposibilidad de lograr una agregación colectiva y eficiente de intereses en una sociedad compleja donde se forman libremente. En este contexto, la agregación de intereses sólo puede conseguirse por una imposición dictatorial. Es decir, las decisiones colectivas en democracia, por sí mismas, no pueden generar orden porque la diversidad y contradicción de los múltiples intereses obstaculizan la adopción de una única decisión colectiva. En consecuencia, una de las causas de ingobernabilidad "es la pretensión de los gobiernos de imponer una agregación imperativa" en ámbitos donde los individuos y grupos podrían resolver muchos conflictos sin necesidad del concurso del Estado a través de la negociación. La gobernabilidad exigiría, tanto, la reducción de la intervención estatal a

---

[40]   MARSHALL, Thomas Humphrey: *Class, Citinzeship, and Social Development*. Chicago: University of Chicago Press, 1964

aquellos ámbitos en los que la sociedad no pueda auto gobernarse.

Un efecto observado y añadido al incremento de las tareas sociales es la hipertrofia de la Administración. El aumento, tanto en los niveles de la Administración como de servicios e instituciones dentro de cada nivel, plantea problemas de coordinación y de intervenciones contradictorias. El Estado aparentemente amplía su poder pero es más vulnerable, ya que la adopción de las decisiones se vuelve más compleja, con lo que su aprobación y aplicación se dificulta.

Los problemas de sobrecarga e hipertrofia han justificado la reducción del Estado, ya que los intereses de productores y consumidores se coordinan sin necesidad de una autoridad central. La propuesta de menos Estado y más sociedad civil ha logrado amplias adhesiones.

El término sociedad civil no es unívoco. Según los teóricos de la sociedad civil, su organización descansa en los acuerdos entre grupos e individuos al margen del control del Estado, haciendo hincapié en su capacidad de auto organización. Sin embargo, las relaciones entre Estado y sociedad civil son complejas. Para unos, la existencia de un Estado débil es una condición esencial del desarrollo de sociedades fuertes; para otros, la fortaleza de la sociedad depende de un Estado sólido. Lo que no niegan ambas interpretaciones es que la sociedad exige una autoridad pública capaz de imponer el marco legal general para el desarrollo de las actividades individuales. Por lo tanto, la defensa de la ampliación de la sociedad civil no implica la propuesta de una sociedad sin Estado, lo que cuestiona es el modelo de Estado.

Junto a la revitalización de la sociedad civil, se han propuesto un conjunto de medidas que tienden a reducir el tamaño del Estado:

Las privatizaciones de servicios estatales, no sólo de los relacionados con las prestaciones sociales sino también servicios que tradicionalmente eran prestados y gestionados por el Estado[41] (seguridad ciudadana, administración penitenciaria…). Las privatizaciones se han justificado porque el mercado proporciona los servicios de forma más rentable al estar sometido a las presiones de la competencia.

Introducción de técnicas de gestión empresarial en la función pública. Por ejemplo, la sustitución de la formación jurídica de los funcionarios por una de contenido económico y de gestión[42]. Asimismo, las situaciones de monopolio en la prestación de servicios han sido reemplazadas por la competencia interna con otros servicios públicos que realizan funciones análogas. De todas formas, en este aspecto la Administración no puede equipararse con el sector privado.

---

[41] Un partidario de esta perspectiva, Pierre ROSANVALLON, afirma estar los "antiguos mecanismos productores de solidaridad", basados en el sistema de seguros sociales, en proceso de desagregación "de forma probablemente irreversible" (P. ROSANVALLON: *La Nouvelle Question Sociale*, Ed.Seuil, Paris, 1995). Esta visión lleva a la conceptualización de un nuevo paradigma de protección pública basado en contratos de inserción que incluyen "obligaciones positivas" de los beneficiarios de aquella al respecto del empleo y de otras formas de integración social, que suplantaría el providencialismo pasivo del Estado del Bien-Estar beveridgiano. Si el diagnóstico es interesante, la conclusión es decepcionante por el énfasis dado a los modelos de protección mínima garantizada, focalizados en los sectores sociales en riesgo de exclusión. Las respuestas articuladas a la gama diversificada de nuevos riesgos y eventualidades a las que están expuestas las "mayorías" sociales pasa por la revalorización de la responsabilidad y de los intereses individuales, conjugando este último con el interés común en fórmulas más flexibles de seguridad social y de compartición de riesgo entre particulares, bien como la renovación del nexo generacional según las nuevas estrategias de envejecimiento activo.

[42] MARTÍNEZ, Rafael P.: "*El servicio profesional de carrera en México: una mirada desde el Institucionalismo*", en PERLMAN, Bruce J. y Juan de Dios PINEDA : *Nuevo Institucionalismo e Institucionalidad en México*, UAEM

64

Otro punto de debate es la creación de Agencias Independientes. Se trata de organizaciones basadas en contratos de objetivos, su dirección se confía a expertos y gozan de una importante autonomía respecto del ejecutivo y del legislativo.

Tradicionalmente, las funciones irrenunciables del Estado son aquellas que, como la defensa, la seguridad o la justicia, no pueden ser asumidas por ninguna otra instancia, sin embargo, esta visión es puesta en causa, hoy en día por dos ejemplos: el primero, introducido, por el Tratado de Lisboa, en el cuadro de la UE; el segundo por la estratégica de sub-contratación de estas funciones a grupos privados, en el caso de la intervención de EUA en Irak y en Afganistán. Por otra parte, la regulación del Estado y la coordinación son sus tareas propias. Al Estado se le atribuye la función de coordinar e impulsar las iniciativas de los actores sociales pero se cuestiona la dirección y la gestión directa. Según este punto de vista, el Estado parece ser concebido como una caja de resonancia de los intereses sociales sectoriales al que se recurre para darles legitimación.

En los últimos años se viene utilizando el concepto de gobernanza, que, según algunos autores, designa una nueva forma de gobernar que rompe con la idea de gobierno tradicional. Los rasgos característicos de la "nueva gobernanza" son:

1. La relevancia de la sociedad civil
2. La inexistencia de un poder central y de relaciones jerárquicas

65

3. La importancia adquirida por los procedimientos informales

La gobernanza se entiende como un proceso de influencias recíprocas entre diferentes actores, en el que ninguno de ellos llega a dirigirlo porque ninguno de los implicados posee todos los medios necesarios. Un presupuesto subyacente de "la nueva gobernanza" es la capacidad auto organizativa de las comunidades.

Las sociedades carecen de un centro único de dirección del poder. La realidad demuestra que el poder se encuentra fragmentado. Las regulaciones, ante la ausencia de jerarquía y de decisiones imperativas, se realizan a través de la negociación y el consenso.

El recurso a los procedimientos informales para la adopción de decisiones en detrimento de los procedimientos formales. Se justifica el uso de los procedimientos informales por la necesidad de introducir flexibilidad en los procesos de decisión y superar las dificultades de las instituciones formales para hacer frente a la complejidad social. Esta característica pondría en entredicho la singularidad de la forma estatal.

La coherencia entre el concepto de "la nueva gobernanza" y las propuestas o tendencias del retraimiento del Estado es nítida. En ambos casos, aunque no se trata de un concepto excluyente del Estado, sí revisa su centralidad en el sistema político. La pregunta que se suscita es si, en la práctica, el alcance de la gobernación según el nuevo significado no pasa de ser un modelo que introduce meras rectificaciones en la forma estatal pero no llega a sustituirla o si, por el contrario, es un modelo que se impone al Estado y constituye una

alternativa a él.

7.2.2.- Conflictos pluriculturales

Se ha señalado que la globalización no es excluyente de lo local; de hecho, se trata de dos

fenómenos simultáneos. La tendencia a la homogeneidad implícita en la globalización

cultural no ha sofocado las diferencias culturales. Más bien se observa un resurgimiento de

conflictos pluriculturales [43]en el interior de algunos Estados, lo que es interpretado como

causa potencial de desintegración y manifestación del carácter artificial de los Estados.

La fragmentación de los Estados en unidades más pequeñas se ha justificado por razones

económicas e ideológicas. Mientras que en épocas pasadas, el desarrollo económico exigía

Estados grandes y viables, los mercados globales posibilitan la existencia de organizaciones

políticas de menor tamaño. El uso de la tecnología permite a los países no ser dependientes

sólo de sus recursos naturales y, en todo caso, las desventajas políticas de una reducida

dimensión pueden superarlas integrándose en organizaciones internacionales.

Los apologistas de los mercados globales también defienden la eficiencia económica de los

países pequeños y critican la obsolescencia de los Estados tradicionales. La ineficiencia de los

Estados deriva de sus diferencias territoriales respecto a las preferencias de los consumidores,

---

[43]   SARTORI, G.: La *sociedad multiétnica. Pluralismo, multiculturalismo, extranjería*, Taurus, Madrid, 2001.

67

infraestructuras y tasas de crecimiento. Por el contrario, el Estado-región posee "el tamaño y la escala adecuadas para ser verdaderas unidades operativas en la economía". Una dimensión apropiada se cifra entre los cinco y veinte millones de habitantes.

La presión de los mercados globales a favor de la descentralización política no está exenta de riesgos[44]. Aparte de que se abre la posibilidad de contribuir a una mayor desigualdad regional, acarrea dos peligros añadidos de índole económica: a) el aumento de la inestabilidad podría derivarse de la indisciplina fiscal local y regional; b) la sumisión de los gobiernos regionales a los intereses especiales de grupo daría lugar a la utilización inadecuada de los recursos. Por lo tanto, también son razones de eficiencia económica las esgrimidas para justificar "cierto grado de coordinación y control centralizado"

Si bien la experiencia histórica revela que, en la mayoría de los casos, la nación ha sido una creación del Estado y ambos se han desarrollado unidos, en los últimos años se ha planteado la posibilidad de desvincularlos.

Según KEATING[45], el declive del Estado no supone el de la nación. Por el contrario, se trata de una forma de movilización política que conserva su potencialidad frente a la decadencia de otras ideologías. El nacionalismo proporciona identidad colectiva, suministra una base en la que asentar la solidaridad ante el atomismo del mercado. Se trata, pues, de una ideología

---

[44]   SEN, Amartya: *Development as freedom*. New York: Alfred A. Knopf.1999
[45]   KEATING, Michael: "*Paradiplomacia y Redes regionales*", en Revista Valenciana d'Estudis Autonòmics, no. 36 monográfico, 2002, pp. 39-50

con capacidad para erigirse en un principio de organización social y política, no necesariamente asociada al Estado. Ahora bien, no todos los elementos del nacionalismo, según KEATING, son positivos. El "nacionalismo étnico" se caracteriza por basarse en la identidad racial o en la ascendencia común, se trata de un nacionalismo excluyente. Por el contrario, el "nacionalismo cívico" se identifica con los valores del liberalismo. La identidad nacional en este caso está determinada por instituciones, religión, costumbres, recuerdos históricos, etc. Es, precisamente, este nacionalismo basado en valores cívicos el que tiene capacidad para integrar y no ser excluyente toda vez que su idea de nacionalidad compatible con el reconocimiento de otras identidades.

Sin embargo, la dicotomía entre nacionalismos negativos y positivos plantea dudas. En la práctica es difícil encontrar movimientos nacionalistas que se apoyen exclusivamente en elementos étnicos. En líneas generales, la etnia también ha incluido características religiosas[46], culturales, históricas y costumbres comunes. Por otra parte, la organización cívica también se apoya en una identidad cultural que alimenta la pertenencia de los grupos diferenciales. No se duda de que el nacionalismo facilite la integración, pero, por su propia naturaleza, contiene también rasgos excluyentes. También hay que admitir la posibilidad de que los nacionalismos cívicos no reclamen el monopolio de la lealtad. Por ejemplo, en los estados federales se combinan diferentes lealtades. Sin embargo, la combinación de varias lealtades no siempre ha logrado el equilibrio. En estos casos, la ciudadanía común superadora puede ser percibida por las minorías como una amenaza para su existencia[47].

---

[46]   NAVARRO VALLS, R. et al, :*Estado y religión: textos para una reflexión crítica*, Ariel, Barcelona, 2000
[47]   KYMLICKA, W.: *Ciudadanía multicultural. Una teoría liberal de los derechos de las minorías*, Paidós, Barcelona,1996

Finalmente, se defiende que los nacionalismos cívicos no aspiran a la creación de Estados-naciones. Sin embargo, las naciones no pueden prescindir de una determinada organización política y social. De hecho, no hay que olvidar que la autonomía política y cultural no siempre satisface a las reivindicaciones nacionalistas[48] (por ejemplo: las organizaciones vascas independentistas). Además, no es tan clara la emergencia de nacionalismos cívicos disociados de la creación de Estados. En los últimos años del siglo XX han sido frecuentes las manifestaciones de los nacionalismos[49] que han conducido a la fragmentación de los Estados, pero el resultado de este proceso ha sido la formación de más Estados. Por último, cabe pensar que una excesiva fragmentación de unidades políticas [50]dificulta la articulación de organizaciones supranacionales que exige la interdependencia de las sociedades contemporáneas.

7.2.3.- Soberanía estatal y organizaciones internacionales

Las funciones atribuidas a las Organizaciones Internacionales (OI) [51]se interpretan como un factor más que erosiona la soberanía. Estas instituciones se definen como *"asociaciones voluntarias de Estados establecidas por acuerdo internacional, dotadas de órganos permanentes, propios e independientes, capaces de expresar una voluntad jurídicamente distinta a la de sus miembros"*. La imposición a los Estados de decisiones adoptadas en ámbitos internacionales no es

[48]

[49]   HOBSBAWN, E. : *Naciones y nacionalismo desde 1780*, Barcelona, Crítica, 1997

[50]   HUNTINGTON, Samuel P.: *El choque de civilizaciones y la reconfiguración del orden mundial* , Barcelona, Paidós, 1997

[51]   VELASCO, M.: *Las Organizaciones Internacionales*. Tecnos. Madrid, 1990

congruente, aparentemente, con el concepto de soberanía, entendida como suprema

autoridad porque ésta se define por la no sujeción a una autoridad externa. La cesión de

competencias soberanas a OI[52], unida a la descentralización política en el interior de los

Estados son considerados factores que fragmentan la soberanía. Estos fenómenos han dado

pie para sostener que "la soberanía tiene que ser concebida hoy en día como una facultad

dividida entre múltiples agencias- nacionales, subnacionales e internacionales". Últimamente

se habla de "soberanía compartida", expresión con la que se hace referencia a la distribución

de poder y autoridad entre diferentes entidades políticas.

El crecimiento de las OI es innegable. En la actualidad hay más de 300. Sin embargo, en este

cúmulo de OI hay una gran heterogeneidad debido a su composición, competencias y fines;

por lo tanto, su posible repercusión en las soberanías no es uniforme.

---

[52]   La transferencia de competencias del estado-nación a las estructuras regionales o mundiales es lenta, pero presente. De facto , podemos hablar de *proceso de transición* hacia la mundialización, cuyos rasgos más distintivos son los siguientes:

- subsistencia de la *polarización Centro - Periferia*, marcada por el crecimiento de la desigualdad, el boom demográfico periférico, la presión migratoria Sur-Norte, los problemas de la miseria y el hambre en el Sur, la problemática medioambiental, etc.
- tras el final de la guerra fría y la desaparición de la política de bloques antagónicos, surge una nueva situación en la cual se perfila una *rivalidad cuadripolar*, con los tres principales competidores-adversarios: EE.UU., China, Japón y la CE, que mantienen entre sí una rivalidad comercial, económica, financiera, tecnológica, etc., que por el momento no ha adoptado cariz político, pero que puede convertirse en hostilidad, como ya ocurrió en otras ocasiones (dos guerras mundiales). En efecto, a falta de un enemigo común (la URSS), los principales países capitalistas vuelven a encontrarse frente a frente, en tanto que Estados centrales diferenciados y por tanto con intereses propios (de Estado) diferentes.
- a un nivel más profundo se manifiesta una *contradicción entre la base económica cada vez más mundializada y los Estados "nacionales"*, que es la manifestación más clara de la oposición entre la tendencia básica del Sistema y la autonomía relativa de los Estados, principales obstáculos para la mundialización. El capital se internacionaliza, necesita y tiende hacia la formación de un mercado mundial. Pero los Estados "nacionales" se resisten al suicidio y se aferran a la defensa de su soberanía lo que da lugar a que exista un *conflicto entre nacionalismos de "nación" y nacionalismos de "Estado"*, en virtud del cual la tendencia a la recuperación plena de la identidad política por parte de las diversas naciones se enfrenta a la intransigencia de los Estados centrales incluso para reconocer dicha tendencia, que, por cierto, no se opone al proceso general de mundialización del capital. La proliferación de nacionalismos de "nación" contribuye a la mundialización. No así la pervivencia de los actuales Estados centrales

Se podría pensar que el incremento de los problemas de naturaleza global debería haber impulsado a las OI universales frente a las regionales. Mientras que las primeras se encuentran abiertas a la participación de todos los Estados, las regionales están compuestas por un número limitado de Estados que reúnen unos requisitos previos de carácter geográfico, político o económico. En la práctica han aumentado el número de organizaciones regionales frente a las universales.

La Organización de Naciones Unidas es la más representativa de las tipificadas como OI universales. Su Tratado constitutivo se fundamentó en la igualdad soberana de los Estados y en la no intervención en sus asuntos internos. La Carta de Naciones Unidas no creó un auténtico sistema de seguridad colectiva capaz de obligar jurídicamente a la resolución de las controversias ni estableció la subordinación de los Estados a una autoridad pública superior. Por otra parte, al ser su función característica la seguridad, la ONU actúa para dar respuesta a otros actores, se trata, sobre todo, de una organización reactiva. En consecuencia, está justificado considerarla más como una extensión del sistema de Estados que como una alternativa a él. Con todo, también se ha señalado que la ONU posee pequeños márgenes de maniobra, ya sea porque actúa de puente entre los Estados y otros actores al permitir que éstos últimos influyan en decisiones políticas sectoriales, como la salud, el entorno o la educación, o porque la ONU proporciona legitimidad a las decisiones de los Estados ante situaciones de crisis.

El número de OI regionales, sobre todo las de naturaleza económica y comercial, ha experimentado un apreciable crecimiento. Este tipo de organizaciones se ha generalizado por

todo el planeta. Aparte de la UR, se han creado, entre otras: el Mercado Común del Sur

(MERCOSUR), el Acuerdo de Libre Comercio de América del Norte (NAFTA).

Los bloques regionales económicos se justifican porque la integración de los mercados reduce

los costes y genera una mayor eficacia. Sin embargo, los efectos de la regionalización sobre la

mundialización de la economía son controvertidos. Está justificado pensar que los acuerdos

regionales pueden obstaculizar el establecimiento de normas comerciales no discriminatorias

a escala mundial. La adopción de políticas proteccionistas por los bloques regionales puede

fragmentar el mercado mundial y, por lo tanto, limitar la liberalización del mercado mundial.

Aunque este riesgo es real, se argumenta que el equilibrio entre la integración regional y la

liberalización del mercado mundial es factible mediante acuerdos multilaterales

garantizadores de la libre competencia. Sin embargo, ciertos análisis sostienen que la

regionalización no rectifica los inconvenientes del mercado mundial. Asimismo, algunas

experiencias revelan la inestabilidad de algunos procesos de regionalización derivada, en

unas ocasiones, del desigual desarrollo económico de sus miembros y, en otras, de la

similitud productiva de los países integrantes cuyas mercancías se destinan a un mercado

limitado.

Junto a las OI universales y regionales, existe otra clasificación que distingue entre OI de

"cooperación" y de *"integración"*. Las organizaciones de cooperación responden al modelo

clásico de OI y se caracterizan porque los Estados no ceden competencias soberanas y la ejecución de las decisiones fruto de las instituciones de la organización- adoptadas según la

técnica de la negociación- depende de ellos, no son directamente aplicables en los territorios

nacionales sin la autorización estatal. De forma inversa, las organizaciones de integración o

supranacionales suponen una transferencia de competencias soberanas. Los órganos comunes

son independientes de los Estados y algunas de sus decisiones pueden aplicarse directamente

a los Estados miembros. Las OI de integración son la excepción. La Unión Europea es el

ejemplo característico de este tipo.

Los efectos de la transferencia de funciones soberanas a las OI se interpretan de forma

divergente[53]. Para unos, es un factor que erosiona la soberanía, aunque la visión contraria

también tiene adeptos. Desde este último punto de vista, se mantiene que las organizaciones

regionales son una vía que consolida a los Estados. La existencia de éstos- sobre todo la de los

pequeños- podría peligrar sin un apoyo externo en un contexto caracterizado por la

interdependencia. La integración de los Estados en OI se concibe como un medio que propicia

su consolidación[54].

Con independencia de cuál de las dos hipótesis se confirme en un futuro, lo cierto es que las

OI presuponen Estados, son creadas por ellos y son sus actores principales. Según la

interpretación realista de las relaciones internacionales, el Estado es un actor central y

difícilmente sustituible. Sin embargo, en los últimos años tiene que competir con otros actores

---

[53]   KRASNER, Stephen D.: *"La integración regional y el fin de la guerra fría"*. En: Agusto Vega Casanovas (comp.):
Liberalización económica y libre cambio en América del Norte: consideraciones políticas, sociales y culturales. México, El
Colegio de México, 1993.

[54]   HELD, D.,:*La democracia y el orden global: del estado moderno al gobierno cosmopolita* , Paidós, Barcelona,1997

como las ONGs o las empresas multinacionales, y además el uso de la fuerza se muestra ineficaz para la resolución de numerosos conflictos.

El realismo ha sido criticado por el predominio atribuido al Estado y porque explica las relaciones internacionales exclusivamente a través de los intereses nacionales. La cooperación, según los realistas, sólo surge cuando convergen los intereses nacionales. A pesar de las críticas vertidas, el enfoque realista sigue siendo influyente.

En los últimos años, la intensificación de los procesos de interconexión ha provocado que resurjan las controversias respecto de la vertiente externa de la soberanía. Los análisis sobre la repercusión de la competencia de las OI y las normas del Derecho Internacional han sido analizados por la doctrina de la autolimitación. Según ésta, el Derecho Internacional es una creación voluntaria de los Estados, son ellos mismos los que se auto limitan y, por consiguiente, permanecen soberanos. Después de la I GM aumentaron las críticas respecto a la validez de la idea de soberanía. Entonces, los análisis fueron controvertidos según se refleja en las aportaciones de DUGUIT[55] y HELLER[56].

Tras el fracaso de la Sociedad de Naciones, DUGUIT sostenía que era imposible conciliar un Derecho Internacional obligatorio con la soberanía estatal. Cuando los Estados, dice este autor, se someten a reglas que imponen obligaciones limitan su soberanía, dejan de ser Estados soberanos. En definitiva, no puede haber Derecho Internacional si depende de la

---

[55] DUGUIT, L.: *Soberanía y libertad*, Francisco Beltrán, Madrid, 1924

[56] HELLER. H.: *Teoría del Estado*, Fondo de Cultura Económica, México, 1971,6ª reimp.

voluntad de los Estados. Frente a esta postura, HELLER defendió que la soberanía y el Derecho Internacional eran indisociables. Según este último autor, el Derecho Internacional existe porque es creado por las voluntades soberanas. Sus normas o el hecho de conferir mayores competencias a los jueces internacionales no merman la soberanía, por la misma pretensión del Derecho Internacional de conservar los Estados. HELLER niega que el Estado sea la autoridad suprema para todos los asuntos, pero afirma que es la "autoridad jurídica suprema". De acuerdo con esta línea, para Heller tampoco el comercio internacional ni la interdependencia por él creada alteran la independencia jurídica y política de los Estados. Por lo tanto, la esencia del concepto de soberanía queda intacta.

Acerca de la eficacia de la igualdad soberana en la práctica es de interés el estudio realizado por KRASNER. El autor llega a la conclusión de que la "soberanía westfaliana" y la "soberanía jurídica internacional" constituyen dos ejemplos de "hipocresía organizada" por haber sido objeto de violaciones frecuentes. La "soberanía westfaliana" es violada cuando actores externos, generalmente Estados poderosos, influyen o determinan la estructura de autoridad interna de otro Estado. La violación no sólo se produce a través de la coacción o de la imposición, también cuando los gobernantes aceptan voluntariamente determinadas prácticas, ya que esos compromisos implican una reducción de su independencia. Las violaciones se han justificado, según KRASNER, basándose en el respeto de la tolerancia religiosa, de los derechos de las minorías y de los Derechos Humanos, de forma que numerosos tratados de paz recogen entre sus cláusulas estos derechos y los signatarios se comprometen a observarlos, vulnerándose así la independencia soberana. Otra fuente de violaciones puede proceder de los préstamos concedidos por las entidades financieras internacionales a los países en desarrollo o por razones de seguridad internacional.

De todas formas, considerar, como lo hace KRASNER, que la violación de la soberanía westfaliana es la norma, plantea dificultades. En primer lugar, el autor se basa en las experiencias de Estados emergentes, pero, en estos casos, cabe dudar acerca de la violación de la soberanía externa porque ni ésta ni la soberanía interna eran una realidad. En segundo lugar, puede interpretarse que el propio autor introduce matizaciones porque sostiene que los principios westfalianos, además de perdurar, no son irrelevantes, poseen efectos. En unas circunstancias se han violado pero fueron respetados en otras. Debe reconocerse que la asimetría del poder entre los Estados hace vulnerable la igualdad soberana, pero mientras las violaciones de la soberanía de los Estados débiles son fáciles de ilustrar, más complicada resulta comprobar la quiebra de la soberanía de los Estados poderosos.

Más recientemente se esgrimen otros acontecimientos que también ponen en cuestión la soberanía. En concreto: las intervenciones por razones humanitarias[57], así como algunos aspectos de la estructura internacional y ciertas competencias de la Unión Europea. Es indudable que la intervención por razones humanitarias[58] contradice el principio secular de no intervención en los asuntos internos de los Estados soberanos pero estas acciones han sido limitadas y selectivas en la práctica, como los casos de Yugoslavia y Somalia. Además, la

---

[57] GUELLALI, Amna: *"Lex Specialis, Droit International Humanitaire et Droits de l'Homme: leur interaction dans les nouveaux conflits armés"*. En: Revue Genérale de Droit International Public, Vol. 111, N° 3, 2007 , págs. 539-575

[58] RAMÓN, Consuelo Ch.: *¿ Violencia necesaria?: La Intervención Humanitaria en Derecho Internacional*. Editorial Trotta, España, 1995

sociedad internacional las considera legítimas cuando son autorizadas por el Consejo de Seguridad de la ONU, órgano que, por otra parte, está integrado por los Estados. De todas formas, la experiencia demuestra que su uso no se ha generalizado a países en los que concurren circunstancias similares.

Aparte de la valoración que se realice de la repercusión de estos fenómenos, es indudable que introducen nuevos elementos en las relaciones interestatales. Algunos estudiosos de la soberanía sostienen que no se trata de un concepto inmutable porque algunas características permanecen, pero otras cambian. Para explicar ambas tendencias, SOERENSE distingue entre reglas constitutivas y reglas reguladoras del poder soberano. Las primeras son las que posibilitan ciertas actividades. El núcleo constitutivo de la soberanía radica en la independencia constitucional de los Estados, lo que supone la existencia de una autoridad suprema decisoria en los asuntos internos y externos. Por otro lado, las reglas reguladoras, esto es, las referidas a las relaciones soberanas, son las favorecedoras del cambio. Estas últimas han modificado, por ejemplo, el criterio para el reconocimiento de Estados soberanos.

Por tanto, el surgimiento de estructuras sustitutorias del Estado es borroso. A pesar de las mutaciones, el Estado sigue gozando de legitimidad política y proporciona cohesión social. Pero al mismo tiempo, hay que admitir que la globalización intensifica la interdependencia de los Estados y reduce su autonomía, lo que es un acicate para profundizar en la cooperación entre los Estados o crear organizaciones supranacionales.

No es extraño que, en líneas generales, los estudios que pronostican la desaparición del

Estado sean escasos, al tiempo que la idea de que el Estado está atravesando un proceso de

transformación o de reestructuración posee más adeptos. Sin embargo, en incuestionable que

la globalización de los mercados de capitales ha creado un nuevo escenario en el que se han

reducido las posibilidades de que el Estado establezca políticas autónomas en sus respectivos

territorios.

Las políticas de bienestar son las más afectadas por la mundialización, aunque este fenómeno

tampoco ha puesto en duda las funciones estatales en materia de educación, investigación,

sanidad, infraestructuras o justicia. Más que de la decadencia del Estado como categoría

genérica, habría que hablar de la crisis del modelo de Estado de Bienestar.

8.- Evolución histórica y doctrinal de los Derechos Fundamentales

Teresa Da Cunha Lopes

Desde un *punto de vista filosófico*, podemos considerar a los *"Derechos Humanos"* como

exigencias de la "Dignidad humana" [59] cuyo reconocimiento y respeto resultan necesarios, entre

otras cosas, para legitimar el poder político de un Estado.

Desde una *perspectiva histórico-política*, los derechos y libertades se presentan como

reivindicaciones ligadas al origen del constitucionalismo[60], esgrimidas por los revolucionarios

---

[59] FUKUYAMA: 2003
[60] Ej. : la Declaración de Derechos de Virginia de 1776, considerada la primer declaración moderna de Derechos Humanos,

79

de finales del siglo XVIII frente a las monarquías absolutas europeas del Antiguo Régimen. La

evolución histórica del reconocimiento de los derechos es, de algún modo, paralela a la

propia evolución desde el primitivo Estado liberal de Derecho hasta el "Estado *social y*

democrático de Derecho".[61]

En cuanto a la perspectiva jurídica, se suele utilizar la expresión *"Derechos fundamentales"* o

"Derechos constitucionales" (*Garantías constitucionales*) para referirse a la posición jurídica de los

ciudadanos frente al Estado, así como a los mecanismos y procedimientos que el ciudadano

puede utilizar para exigir determinados comportamientos de los poderes públicos.[62]

Relacionando los planos filosófico, histórico-político y jurídico, podemos señalar que las

Constituciones modernas proclaman y garantizan una serie de derechos fundamentales como

consecuencia de los logros obtenidos a raíz de los procesos revolucionarios que a finales del

siglo XVIII dieron origen al constitucionalismo moderno, en su lucha por la *libertad* y la

igualdad, tal y como se considera exigido por la actual concepción de la dignidad humana.

Es necesario advertir que la terminología utilizada, en lo que a derechos y libertades se

refiere, es bastante imprecisa. En la actualidad, se reserva el hombre de *"Derechos*

fundamentales" o *"constitucionales"* a aquellos que aparecen recogidos en los ordenamientos

internos de los Estados; y *"Derechos Humanos"* a los que aparecen formulados en las

---

y la Declaración de los Derechos del Hombre y del Ciudadano francesa de 1789

[61]   ALEXY: 2003

[62]   BAYON : 2003

declaraciones y convenios internacionales (por ejemplo, la Declaración Universal de Derechos Humanos de la ONU, de 1948). Si bien el significado de esta última expresión está más bien ligado a su consideración como derechos que la persona tiene por el mero hecho de serlo, independientemente de su reconocimiento por el Derecho positivo de cada Estado. En este sentido, pueden considerarse *"Derechos fundamentales"* a los *"Derechos Humanos"* que están positivizados y dotados de garantía en una Constitución.

También se emplea la expresión *"Derechos públicos subjetivos"* para referirse a los Derechos Humanos desde el punto de vista de la relación jurídica entre el Estado y el ciudadano, al que el ordenamiento reconoce la facultad de exigir de aquél un determinado comportamiento, bien sea una acción o una omisión. Por último, en cuanto a la expresión *"Libertades públicas"*, haría referencia a aquellos derechos que reconocen un ámbito de obrar lícito, es decir, los llamados *"Derechos de libertad"*.

Los *"derechos"* van indisociablemente unidos a la idea de *"libertad"*. A la hora de relacionar los dos términos, resulta necesaria, más que una diferenciación terminológica entre ambos, su consideración como dos términos que *"describen una misma realidad sólo que desde perspectivas diferentes"*[63].

En cuanto a la **naturaleza** de los derechos fundamentales, se trabaja con la llamada *"doctrina de la doble naturaleza (subjetiva y objetiva) de los derechos fundamentales"*. Son *subjetivos* no sólo en cuanto derechos de los ciudadanos en sentido estricto, sino en cuanto garantizan un status

---

[63] HIERRO : 2002 y FUKUYAMA: 2004

jurídico o la libertad en un ámbito de existencia. Pero son también *objetivos*, ya que son *elementos de un ordenamiento objetivo* de la comunidad nacional.

Igualmente, cabe referirse a su diferenciación respecto del concepto de *"garantía institucional"*. A diferencia de los derechos fundamentales, la garantía institucional no buscaría su origen en realidades preexistentes al poder del Estado, pero a semejanza de ellos, vendría a limitar la actuación del legislador porque éste no podría transformar tales instituciones hasta el punto de que resultaran irreconocibles.

Los *caracteres* de los derechos se van definiendo conforme va *evolucionando* el reconocimiento y garantía de los derechos por parte de los textos constitucionales a lo largo de los siglos XIX y XX, y permiten hablar de su paulatina *transformación*.

A lo largo del siglo XIX, la enunciación de los derechos y deberes de los ciudadanos sufrió una doble transformación. En primer lugar, su *subjetivización*: pasó, desde las Declaraciones de derechos, al texto mismo de las Constituciones, lo cual les imprimió el carácter de normas jurídicas positivas (si bien de contenido más o menos general o de principio). Y, en segundo lugar, su *positivización*: se refiere al hecho de que la proclamación de los derechos se combinara con la intervención de otras normas encaminadas a completar y detallar su regulación jurídica.

Esa progresiva definición de las características *de los derechos* experimenta un impulso decisivo tras la I GM. Si hasta ese momento los derechos y deberes de los ciudadanos habían

82

sido formulados jurídicamente sólo en relación con la *actividad jurídica del Estado*, desde esa

época fueron definidos, también, respecto de la *actividad social* del Estado, ligada a las ideas de

bienestar y progreso,[64] trayendo consigo un [65] considerable incremento de la extensión de los

textos constitucionales (por ejemplo, la Constitución de Weimar de 1919). A partir de la II

GM, se experimentará una progresiva internacionalización.

Como resumen, podemos concluir afirmando que, desde la perspectiva constitucional, los

derechos fundamentales aparecen *doblemente caracterizados*. En primer lugar, al tratarse de

"esferas de libertad garantizadas específicamente en el texto constitucional" [66] (y que, por tanto,

participan del *carácter normativo supremo de la propia Constitución*), disponen de un sistema de

garantías más fuerte que otros derechos *"no fundamentales"* reconocidos no en la Constitución

sino en las leyes ordinarias. En segundo lugar, el reconocimiento y garantía de esos derechos

fundamentales es expresión y está al servicio de unos determinados valores sobre los que

asienta la comunidad política y la propia norma fundamental.

8.1.- Evolución histórica: Las declaraciones de Derechos Humanos

De todas formas, esas limitaciones de la autoridad regia frente a los ciudadanos *"óptimo iu*re"

(primero sólo los barones, luego también otros propietarios representados en la Cámara de

los Comunes), se mantuvieron en los siglos siguientes, En la *Edad Antigua* no se encuentran

verdaderas declaraciones de derechos de los ciudadanos frente a la suprema e ilimitada

---

[64] HIERRO, op. Cit

[65] ALEXY, op. Cit.

[66] GARCÍA CUADRADO: 1996

autoridad del poder político. Sin embargo, el estatuto del Cives[67] o Quirite en la Roma Antigua presenta algunos elementos de protección, tal como la *"provocatio ad populum"*, o el ejercicio del *"Ius auxilium*, por los tribunos de la plebe[68] . Es en la *Edad Media*, con la difusión del feudalismo, cuando se va formando lentamente la convicción de estar obligado, respecto de esa autoridad del rey o del señor, sólo en aquellas particulares prestaciones (tributos, obligaciones militares…) libremente aceptadas en el llamado *pacto de vasallaje*. Eso sí: dicho pacto generaba derechos y obligaciones públicos que vinculaban únicamente al soberano y a sus *"feudatarios"*, mientras que la masa de los súbditos seguía sometida y privada de toda defensa jurídica eficaz frente a los gobernantes.[69]

Es en este contexto en el que hay que inscribir la *Magna Carta Libertatum* (concedida en Inglaterra por el Rey Juan Sin Tierra, en el siglo XIII), que ha sido considerada como el primer documento que afirma algunos derechos públicos de los ciudadanos británicos hasta consolidarse definitivamente en algunos textos fundamentales. De esta manera, se transforman de *meros privilegios feudales* en *verdaderos derechos públicos subjetivos*, tutelables judicialmente. A lo largo de los siglos XIX y XX se fueron extendiendo a todos los ciudadanos de uno y otro sexo.

En el siglo XVII podemos destacar varios de estos textos fundamentales:

1. La *Petition of Rights* (o Petición de Derechos), presentada por el Parlamento y acogida por Carlos I. En ella se insiste en limitaciones tradicionales de la

---

[67]   Véase a Claude NICOLET: *"Le Métier de Citoyen dans la Rome republicaine"*. Flammarion, Paris, 1976

[68]   Ibidem

[69]   RIBEIRO MENDES , A.: 2005

autoridad regia, impidiendo al Rey contar con un ejército fuera del control parlamentario, e imponiéndole una disciplina especial. También se recoge el principio de que nadie podrá permanecer en prisión sin estar formalmente acusado, y el de que no se pagarán impuestos sin tener representantes en el Parlamento (*taxation without representation is tiranny*). Este principio pasaría, a finales del siglo XVIII, a la Revolución de las colonias norteamericanas, que defendieron que el Parlamento de Londres no podía establecer impuestos sobre ellas, al no existir representación de las colonias en él.

2. La *Ley de Habeas Corpus*, con la cual se impedía toda detención arbitraria, teniendo el imputado derecho a juicio antes de que transcurriesen 20 días.

3. El *Bill of Rights* (o Declaración de Derechos). Este documento afirmaba que también el soberano estaba sometido a las leyes fundamentales del Reino. Esto texto venía a consolidar el principio de supremacía del Parlamento.

4. El *Act of Settlement*: establece la garantía de un poder judicial independiente, al señalar que los jueces sólo pueden ser separados de su cargo por decisión de ambas Cámaras del Parlamento (la Cámara de los Lores y la de los Comunes).[70]

---

[70] RIBEIRO MENDES, A., op. Cit

85

En todas estas declaraciones no se encuentran proclamaciones de carácter filosófico o

universal. Se trata simplemente de confirmar antiguas costumbres e instituciones capaces de

proteger al individuo frente a la amenaza que para él pudiera suponer el poder regio.

A lo largo del siglo XVIII[71] se fue concretando la doctrina que reconocía a los individuos una

serie de *derechos naturales* (y, por tanto, inviolables) frente al Estado. La corriente *iusnaturalista*

se basaba en el presupuesto filosófico de la existencia de un originario *estado de naturaleza* del

hombre, que pasa después a integrarse en un *contrato social,* en virtud del cual los restos de su

antigua libertad ilimitada quedan transformados en verdaderos derechos subjetivos,

anteriores y superiores a la propia autoridad estatal.

El siguiente paso en esta evolución vino marcado por las *Declaraciones de derechos elaboradas en*

Norteamérica tras la Revolución contra Inglaterra. Estas declaraciones abandonan la

pretensión de reconocimiento de derechos preexistentes, y pasan a presentar enunciados de

carácter universalista, aunque a menudo carentes de valor normativo. Ejemplo: "*Declaración*

---

[71]   JUAN ÁLVAREZ-CIENFUEGOS FIDALGO en su artículo "*Un apunte sobre los Derechos Humanos y sus generaciones*" sintetiza los elementos principales de este movimiento de construcción de la doctrina de los Derechos Humanos : "A finales del siglo XVIII, envueltos en el ambiente ilustrado que preconizaba la autonomía como principal distintivo del ser humano, cuyo corolario era la libertad, se hacen públicos algunos textos básicos del ideario de la revolución burguesa, cuya inspiración última serían el "Iusnaturalismo" racionalista, todos los seres humanos poseen unos derechos naturales que dimanan de su racionalidad y que deben ser reconocidos por el poder político, y el contractualismo, las normas que deben regir a la sociedad son el resultado del consenso o la voluntad popular. La Declaración de Derechos de Virginia, la Declaración de Independencia de los Estados Unidos y las sucesivas Declaraciones de los Derechos del Hombre y del Ciudadano de la Revolución Francesa tienen en común partir del reconocimiento de que "todos los hombre fueron creados libres e iguales" -lo cual entraña la evidente paradoja, respecto a la mencionada autonomía, de que la dignidad del ser humano no le es intrínseca, sino que proviene del hecho de haber sido creado a imagen de Dios, es decir, una dignidad heterónoma-, también comparten un mismo y sentido énfasis en considerar a la libertad como la seña de identidad que tiene que guiar la acción de los poderes públicos –ahora bien, para decirlo en términos actuales, la libertad defendida por los independentistas americanos y los republicanos franceses es la libertad negativa, la "libertad de"; lo que quiere decir, la ausencia de obstáculos interpuestos por el poder político al libre desarrollo del ciudadano- y, asimismo, dieron lugar a la aprobación de Constituciones como declaraciones últimas que estructuraban jurídicamente al Estado y constituían el horizonte al que debía dirigir su mirada el legislador." (fin de citación). In DA CUNHA LOPES et allii, 2007: *Aproximaciones Interdisciplinarias a la Reflexión Jurídica*, Ed. Universitaria, UMSNH

de Independencia de los Estados Unidos", de 1776.

En Francia, reviste especial importancia la también citada *"Declaración de los Derechos del Hombre y del Ciudadano"*[72], de 1789. Sus preceptos afirmaron los "derechos naturales" del hombre y del ciudadano con fórmulas absolutas y universales. La afirmación de que *"los hombres nacen y permanecen libres iguales en derechos"*, la proclamación de la libertad, la propiedad, la seguridad y la resistencia a la opresión o la proclamación de la soberanía nacional y la separación de poderes constituyen algunas de sus principales aportaciones. La Declaración de 1789 se presenta, en suma, como el fruto de una concepción individualista de la sociedad; pero, también, como una *"obra universal y eterna, al afirmar que los principios que proclama son consustanciales a la naturaleza humana"*.

Tras estas declaraciones, y ya en el siglo XIX, el proceso evolutivo se caracterizó por las notas de *subjetivización, positivización* y *constitucionalizarían* de los derechos. Estas notas tienen como inmediata consecuencia la transformación de unos principios filosóficos en *"mandatos jurídicos"*. Otra característica importante es la progresiva internacionalización de los mismos, sobre todo a partir de la II GM. Los crímenes de guerra cometidos durante la misma, llevaron a las Naciones Unidas a la necesidad de afirmar en sede internacional la obligatoriedad del respeto de los Derechos Humanos por parte de los Estados[73]. Lo que ocurre es que la

---

[72] *Declaración Universal de los Derechos Humanos* en Instrumentos Internacionales sobre Derechos Humanos ONU-OEA, Comisión Nacional de los Derechos Humanos, 1994
[73]   Tribunales de Núremberg y de Tokio.
    Los Juicios de Núremberg o, también, Procesos de Núremberg fueron un conjunto de procesos jurisdiccionales emprendidos por iniciativa de las naciones aliadas vencedoras al final de la Segunda Guerra Mundial, en los que se determinaron y sancionaron las responsabilidades de dirigentes, funcionarios y colaboradores del régimen nacionalsocialista de Adolf Hitler en los diferentes crímenes y abusos cometidos en nombre del III Reich alemán a partir del 1 de septiembre de 1939. Desarrollados en la ciudad alemana de Núremberg entre 1945 y 1946, el proceso que obtuvo mayor repercusión en la

internacionalización de los derechos se encuentra con el obstáculo de que los individuos no

son sujetos de Derechos internacional público, lo que hace que esas Declaraciones sean "una

simple manifestación de auto limitación por parte de los Estados".

La *"Declaración Universal de los Derechos Humanos"*, aprobada por la Asamblea General de las

Naciones Unidas en 1948, tiene su origen en la *"Carta de las Naciones Unidas"* (aprobada en la

Conferencia de San Francisco, en 1945). La Declaración de 1948 afirmaba que los derechos

adquirían una dimensión internacional, dejando de ser una cuestión *"interna"* de cada Estado,

con la consiguiente limitación de la soberanía estatal. Por tanto, el mayor mérito de la lista de

derechos contenida en la declaración está en haber sido aceptada por la mayor parte de los

Estados del mundo contemporáneo. Sin embargo, la Declaración Universal no tiene valor

jurídico vinculante para los Estados, sino exclusivamente orientador o moral.

Ante esa carencia de valor jurídico vinculante, la ONU elaboró proyectos de Convenios o

Tratados internacionales, que transformaran los contenidos de la Declaración en *deberes*

jurídicos para los Estados. De ahí surgieron dos textos, aprobados por la Asamblea General de

las Naciones Unidas, que sí son vinculantes: el *"Pacto Internacional de Derechos Civiles y*

---

opinión pública mundial fue el conocido como Juicio principal de Núremberg o Juicio de Núremberg, dirigido a partir del 20 de noviembre de 1945 por el *Tribunal Militar Internacional (TMI)* (cuyo sustento era la Carta de Londres), en contra de 24 de los principales dirigentes supervivientes del gobierno nazi capturados, y de varias de sus principales organizaciones. En paralelo con el Juicio de Núremberg, se constituyó un Tribunal Penal Militar Internacional para el Lejano Oriente, con el fin de juzgar a los imputados de los crímenes recogidos en el Estatuto o Carta de Londres del 8 de agosto de 1945. El Tribunal estuvo compuesto por un panel de jueces elegidos entre los países victoriosos de la guerra. Estos países fueron: los Estados Unidos, la URSS, Gran Bretaña, Francia, los Países Bajos, China, Australia, Canadá, Nueva Zelanda, India y las Filipinas. El Tribunal se constituyó por primera vez el 3 de agosto de 1946 en Tokio, y fue disuelto después de cumplir su labor el 12 de noviembre de 1948. Este proceso se aplicó sólo a la jerarquía residente en Japón mismo, ya que se realizaron juicios *ad-hoc* en diferentes lugares de Asia contra individuos particulares (miembros del Ejército y la Administración japonesa, por lo general). La fiscalía del Tribunal estuvo dirigida por el estadounidense Joseph Keenan, y contó con fiscales de todos los países que nombraron jueces en el Tribunal.

Políticos" (centrado en los derechos clásicos de libertad), y el *"Pacto Internacional de Derechos*

Económicos, Sociales y Culturales"[74].

En todo caso, paralelamente a este proceso de proclamación "universal" de los derechos, se siguió una dinámica consistente en reconocerlos y protegerlos en ámbitos geográficos más reducidos y homogéneos, en busca de una mayor efectividad. Así, en el ámbito europeo, los Estados occidentales integrados en el Consejo de Europa (que no en la UE) suscribieron *el "Convenio Europeo para la protección de los Derechos Humanos y las Libertades Fundamentales"* y la *"Carta Social Europea".* El primero de ellos destaca por haber introducido un sistema jurisdiccional propio de protección de los derechos, al que tienen acceso los ciudadanos.

En el ámbito de la Unión Europea, destaca la *"Carta de los Derechos Fundamentales de la Unión Europea"*, proclamada en la Cumbre de Niza de 2000. Aunque en dicha cumbre se limitaron a "proclamarla", aplazando la cuestión de su plena eficacia jurídica, es notorio su valor simbólico y orientador de la actuación de las instituciones comunitarias. En cuanto a su contenido, la Carta pretende superar la clásica distinción entre derechos civiles y políticos, frente a derechos económicos y sociales. La Carta apareció mencionada en el Proyecto de Constitución para la UE y el el Tratado de Lisboa remite a la Carta como catálogo de los derechos que todos los ciudadanos de la Unión deben disfrutar respecto de las instituciones de la UE y las garantías vinculantes de su legislación. La Carta contiene seis capítulos que

---

[74] Vide VICTOR BAZÁN: *"Los Derechos Económicos, Sociales y culturales en acción: sus perspectivas protectorias en los ámbitos internos e interamericano".* En: Anuario de Derecho Constitucional Latinoamericano, tomo2, vol 20052, IIJ,UNAM, Ciudad de México, México, 2005

tratan de los derechos individuales relacionados con la dignidad, las libertades, la igualdad,

la solidaridad, la ciudadanía y la justicia. Estos derechos proceden básicamente de otros

instrumentos internacionales, como el *"Convenio Europeo de Derechos Humanos"*, y reciben de

este modo una expresión jurídica en la Unión. Las instituciones de la Unión deben respetar

los derechos recogidos en la Carta. Las mismas obligaciones se impondrán a los Estados

miembros cuando apliquen la legislación de la UE. Además, el Tribunal de Justicia velará por

la correcta aplicación de esta Carta, cuya incorporación no altera las competencias de la

Unión pero sí refuerza y amplía los derechos y las libertades de sus ciudadanos.

.En este sentido, se plantean varias posibilidades en torno a la inclusión de la misma en la

Constitución, cuando ésta esté elaborada: desde hacer una referencia genérica a la misma,

hasta incorporar su articulado completo.

8.2.- Las "generaciones" de Derechos

Los derechos y libertades no se han reconocido todos a la vez sino que son fruto de un

proceso evolutivo que comprende varias etapas, en cada una de las cuales se va poniendo el

acento en la tutela y protección de nuevas aspiraciones y necesidades que van surgiendo y

que se van planteando una vez logradas y satisfechas las anteriores. Se trata de un *"dinamismo*

reivindicativo". Este es precisamente la idea que late en lo que se ha llamado las *"generaciones*

de derechos[75]*"*:

---

[75]   No existe un consenso sobre la periodización de la evolución histórico-doctrinal de los Derechos Humanos. Autores
como David VALLESPÍN PÉREZ, Franz MATCHER, Antonio PÉREZ LUÑO, Robert B. GELMAN, etc., afirman que está
surgiendo una cuarta generación de Derechos Humanos. No obstante, el contenido de la misma no es claro, y estos autores
no presentan una propuesta única. Normalmente toman algunos derechos de la tercera generación y los incluyen en la

1. La *"primera generación"* se correspondería históricamente con el *constitucionalismo liberal* (siglos XVIII y XIX). Los textos ponen el acento en derechos de *clara dimensión individual*: protección del individuo frente a amenazas externas por parte de los poderes del Estado (*derechos de libertad*) y participación en la vida pública (*derechos políticos*). Derechos como la libertad personal, el honor, la Intimidad, la propia imagen, y otros similares, tradicionalmente denominados *"derechos de la personalidad"*. La participación en asuntos públicos y sufragio o la propiedad privada son ejemplos de esta primera generación.

2. La *"segunda generación"* se corresponde con el *constitucionalismo social* (a partir de la I GM). A los derechos anteriormente mencionados se añaden otros, que tienen en cuenta "las relaciones de los individuos con su entorno social" (relaciones de carácter

---

cuarta, como el *Derecho al Medio Ambiente* o aspectos relacionados con la Bioética. Esta cuarta generación viene dada por los Derechos Humanos en relación con las nuevas tecnología. Para otros, que el elemento diferenciador sería que, mientras las tres primeras generaciones se refieren al ser humano como miembro de la sociedad, los derechos de la cuarta harían referencia al ser humano en tanto que especie. Tal idea había quedado acordada en la Carta de las Naciones Unidas (ver punto 5) cuando en su preámbulo se escribió, " nosotros los Pueblos de las Naciones Unidas resueltos ... a reafirmar la fe en los derechos fundamentales del hombre, en la dignidad y el valor de la persona humana, en la igualdad de derechos de hombres y mujeres y de las naciones grandes y pequeñas... hemos decidido sumar nuestros esfuerzos para realizar estos designios" y luego de manera más explícita, cuando expresaron entre sus propósitos el siguiente " realizar la cooperación internacional en la solución de problemas internacionales de carácter económico, social, cultural o humanitario, y en el desarrollo y estímulo del respeto de los Derechos Humanos y a las libertades fundamentales de todos, sin hacer distinción por motivos de raza, sexo, idioma, religión". Para el cumplimiento de tal propósito inicialmente se continuaba concibiendo como agente inmediato al Estado, a cuya custodia la tradición occidental había confiado cierto número de garantías al ciudadano, a partir de las revoluciones inglesas, norteamericanas y francesas. Mas el precario desarrollo de la democracia en el mundo, la amarga experiencia de la Segunda Guerra Mundial y la caótica situación política creada por sus consecuencias en muchas naciones demostraba la consagración de los Derechos Humanos en constituciones y leyes internas que no eran suficientes para asegurar su protección y respeto por parte de los gobiernos. En numerosos Estados, por factores diversos, la protección del derecho nacional resultaba eliminada, suspendida, inoperante o abiertamente conculcada por gobiernos de fuerza o de careta jurídica. Otros autores, por su parte, defiende la existencia de cinco generaciones de Derechos Humanos,[1] que identifica con las reivindicaciones de diferentes grupos sociales. Serían los derechos civiles y políticos, reclamados por la burguesía; los económicos, sociales y culturales, propios de los movimientos obreros y antiesclavistas; los derechos de los pueblos y sectores diferentes, incluyendo las luchas de descolonización y feministas; los ambientales, que define como derechos las generaciones futuras; y los relativos al control del cuerpo y la organización genética de uno mismo, enfrentados a la mercantilización del interior de la vida.

económico, laboral) y que suponen garantías de su bienestar o prestaciones materiales (educación, salud). Por ejemplo: los derechos educativos o de sindicación y huelga.

3. La *"tercera generación"* de derechos viene dada por problemas que amenazan a la misma pervivencia de la sociedad y que han dado lugar a la garantía de *derechos colectivos*, relativos a bienes antes considerados como sobreentendidos, y base de la vida misma, pero que comienzan a ser escasos, y cuya desaparición amenaza a toda la colectividad: derecho al medio ambiente, al patrimonio cultural, etc...

Así, los derechos de *"primera generación"* ponen el acento en la *libertad*, los de la segunda estarían centrados en la *igualdad*, y los de la tercera en la *solidaridad*. Hay autores que defienden que los poderes mediáticos generados en torno a los instrumentos informáticos más avanzados (particularmente en Internet) vienen propiciando la aparición de *"poderes fácticos"* que no sólo llegan a hacer sombra a los propios poderes estatales, sino que además empequeñecen la posición de los ciudadanos europeos a la hora de ejercer esos derechos, conocidos como de *"última generación"* o de la era tecnológica.

8.3.- La Clasificación de los Derechos Humanos: evolución

De la anterior consideración de *"generaciones"* pueden derivarse varios *"tipos de derechos fundamentales"*. La variada terminología existente ha hecho necesario llevar a cabo numerosos intentos de clasificación de los derechos, desde muy diversas perspectivas. TORRES DEL

MORAL[76] aporta una interesante *clasificación* en cuatro grupos:

1. *Derechos civiles individuales*: protegen la vida privada de las personas frente a la injerencia de los poderes públicos: derecho a la integridad física y moral, al honor, a la Intimidad[77], propia imagen, inviolabilidad del domicilio

2. *Libertades públicas*: se ejercen en relación a los demás, aunque no necesariamente de forma colectiva. Serían las libertades ideológicas, de expresión e información, de reunión y manifestación, de asociación, de petición

3. *Derechos políticos*: de participación política (sufragio, iniciativa legislativa popular, acceso a cargos públicos), de asociación política y de reunión y manifestación políticas.

4. *Derechos de prestación*: en ellos, el sujeto puede exigir de los poderes públicos la creación de condiciones o la remoción de obstáculos para hacerlos efectivos. TORRES DEL MORAL [78] incluye aquí los derechos educativos, derechos procesales y penitenciarios.

---

[76] TORRES DEL MORAL, A.: *Principios de Derecho Constitucional Español*. Universidad Complutense. Madrid.

[77] La manifestación de la "*Privacy*" (GRISWOLD vs CONNECTICUT, Caso 381 U.S. 479) se ha vertido luego en normas constitucionales o internacionales que han consagrado un derecho fundamental a la Intimidad. Su fundamento sigue siendo el mismo: hay parcelas que pertenecen a lo más íntimo del ser humano y que sólo a él - no al Estado - corresponde regular. Véase HELSCHER, David (1994). "*Griswold v. Connecticut* and the *Unenumerated Right of Privacy*". *Northern Illinois University Law Review*.
Consultada el 14 de octubre de 2009 en http://www.niulawreview.org/

[78] TORRES DEL MORAL, op. Cit.

El autor antepone a estos derechos los *presupuestos para su disfrute y ejercicio*: la vida (presupuesto de todos los demás), la nacionalidad y la mayoría de edad (requisitos necesarios para el disfrute de algunos derechos, fundamentalmente de carácter político). Y les pospone determinados *"principios de actuación política o mandatos a los poderes públicos que aún no han adquirido la naturaleza jurídica de derechos públicos subjetivos"*.

GARCÍA CUADRADO[79] ofrece otra clasificación atendiendo a la *naturaleza o significación jurídica* de cada uno de los derechos. Con carácter general podemos decir que los derechos y libertades que la Constitución reconoce son subjetivos frente al Estado. Consisten en la facultad para poder exigir una acción y una omisión. *Esa potestad de exigir un determinado comportamiento a los poderes públicos* puede manifestarse de cuatro maneras diferentes. Ello nos permite distinguir distintos derechos y libertades atendiendo a su naturaleza, en función de que esa potestad o exigencia consista:

1. En la garantía de que *no se puede obligar al sujeto a hacer algo*. Se les puede llamar *"exenciones"*. El ejemplo más claro sería el derecho a la objeción de conciencia al servicio militar. En este grupo de derechos, la obligación que se impone a los poderes públicos es meramente negativa: no podrá exigir a los ciudadanos esos actos de los que están constitucionalmente exentos.

2. En la garantía de que *no se puede impedir al sujeto hacer algo*. Se trata de *"libertades"* en sentido estricto, también llamados *"derechos de libertad"*, como la libertad ideológica y

---

[79] GARCÍA CUADRADO: 1996

religiosa, de expresión, de reunión y manifestación.

3. En la garantía de que *no se puede obligar al sujeto a soportar algo no querido por él*. Se denominan "inmunidades": derecho a la libertad personal o la inviolabilidad del domicilio.

4. En la garantía de que *se va a facilitar el disfrute de ciertas ventajas o comodidades*. Son los llamados "derechos de prestación" (también denominados sociales o asistenciales, a lo que hay que añadir los derechos de solidaridad. Serían, en definitiva, los derechos de segunda y/o tercera generación). Estos derechos se traducen en el deber positivo del Estado de dirigir su actuación en el sentido de prestar ciertos servicios (o al menos facilitar y fomentar su prestación) para que el ciudadano pueda mejorar su calidad de vida, realizando así los principios de igualdad y solidaridad.

8.4.- Fundamento de los Derechos, Deberes y Libertades

8.4.1.- La dignidad humana

El fundamento del reconocimiento de los Derechos Humanos por parte de los ordenamientos jurídicos se halla en la idea de la *dignidad de la persona*. Pero… ¿qué se entiende por dignidad de la persona? ¿Cuáles son las consecuencias de su reconocimiento?

Estamos ante un concepto que supera los límites del ámbito jurídico, para participar también

95

en los ámbitos filosófico y religioso. Fue Kant quien secularizó el concepto de dignidad: la dignidad del hombre, según él, deriva de su absoluta autonomía, de ser el hombre un fin en sí mismo. En todo caso, el que los ordenamientos jurídicos nacionales reconozcan la dignidad, no quiere decir que ésta exista sólo allí donde el derecho la reconoce, y en la medida en que la reconoce. La dignidad forma parte esencial de la persona y, por tanto, es previa al Derecho.

La persona, por el hecho de serlo, está dotada de dignidad en razón de su personalidad, y viceversa, en todo momento de su existencia. Pero, además de esta dimensión *estática*, cabe contemplar la personalidad en sentido *dinámico*: desde el comienzo de la vida, y a todos los niveles, la personalidad se va realizando, desarrollando, perfeccionando en el tiempo. El desarrollo de la personalidad no puede tener lugar si no se reconocen y respetan los derechos inviolables inherentes a la persona en razón de su dignidad (Fukuyama: 2003). La violación de los derechos inviolables no sólo es un ataque al desarrollo de la personalidad, sino a la personalidad misma y, por tanto, a la dignidad.

Todo esto nos permite formular una serie de características de la dignidad de la persona:

1. Puesto que la dignidad se debe a la pertenencia al género humano, cada persona es igual en dignidad a cualquier otra, sin discriminación alguna

2. La persona conservará su dignidad desde el comienzo hasta el fin de su vida, en cualquier circunstancia, y cualquiera que sea su conducta. En el caso de

96

conductas denigrantes, la dignidad de quien así se comporte podrá entenderse menoscabada, denigrada o vulnerada. Pero, al ir íntimamente unida a la condición humana, ni puede desaparecer su núcleo esencial, ni puede dejar de ir acompañada de los derechos inviolables del hombre en cuanto ser humano.

3. Todo ser humano, en cuanto persona, goza de una personalidad, que, al mismo tiempo, proporciona unas características diferentes de cada uno. Los derechos inviolables inherentes a la dignidad de la persona podrían resumirse en el derecho al reconocimiento y a la realización de la propia personalidad.

4. El Estado no puede desconocer los derechos inviolables e inherentes a la dignidad humana: será misión del ordenamiento jurídico garantizar su respeto, tanto en las relaciones entre los poderes públicos y las personas, como en las de éstas entre sí. De ahí que se pueda añadir la necesidad de un entorno de libertad y justicia para que las personas puedan vivir conforme a su dignidad.

Por lo que se refiere a las *consecuencias del reconocimiento constitucional de la dignidad*, podemos afirmar que se trata de un precepto cuyo contenido se proyecta sobre todo el catálogo constitucional de derechos y libertades, al ser la dignidad el eje en torno al cual giran los mismos. Así sucede con el derecho de todos a la vida y a la integridad física y moral, con la consiguiente prohibición de las torturas y la abolición de la pena de muerte.

8.4.2.- Titularidad de los derechos: su universalidad

97

En gran parte de las Constituciones posteriores a la Declaración Universal de los Derechos Humanos de 1948 se parte del *"reconocimiento de la dignidad intrínseca y de los derechos iguales e inalienables de todos los miembros de la familia humana"*.

Puede ser de interés repasar algunas objeciones que se han esgrimido frente a la universalidad de los Derechos Humanos, y los argumentos que permiten dar respuesta a las mismas.

En primer lugar, se objeta que los derechos no pueden considerarse como universales, desde el momento en que tales derechos se reconocen únicamente en un ámbito espacial restringido: "sólo en el supuesto de que existiera un ordenamiento jurídico universal podría hablarse propiamente de derechos universales". Como respuesta se puede decir que la universalidad significa que todos los seres humanos son titulares de los derechos, independientemente de que la comunidad política de que forman parte se los reconozcan o no. Si no lo hacen, entonces el régimen político y jurídico debe ser calificado como injusto.

En segundo lugar se apunta que los derechos suelen exigir alguna condición adicional para su ejercicio (como la nacionalidad o la mayoría de edad). Subyace aquí la distinción entre la *titularidad* de los derechos y las condiciones para el *ejercicio* de los mismos. Pero esta objeción sólo sería incompatible con la universalidad de los derechos cuando se produjera la negación de *la titularidad de los mismos a alguna categoría determinada de individuos*, pero no aquellos supuestos en que "el ejercicio de determinados derechos es sujeto a limitaciones por alguna razón justificada".

La tercera objeción consistiría en que afirmar la universalidad de los derechos supone negar la posibilidad de reconocer derechos diferentes a determinados grupos de sujetos (en referencia al reconocimiento de los derechos de los niños, las mujeres…). Esta observación no contradice la universalidad de los derechos sino que constituye un nuevo argumento a su favor. Habida cuenta de la realidad de que determinados colectivos se encuentran en una situación social de particular desprotección e indefensión, se hace necesario enfatizar que a ellos también deben serle reconocidos los Derechos Humanos e instituir en su caso técnicas de protección específica. Ello guarda relación con el concepto de discriminación positiva (positive discrimination).

Una última objeción vendría dada por el *relativismo cultura*[80]; esto es, la diversidad de las tradiciones culturales y morales que se observa en el mundo actual conduce a visiones distintas sobre el concepto y naturaleza de los derechos, e incluso sobre cuáles deben ser los derechos reconocidos y protegidos. El argumento fundamental frente a este relativismo nos lo proporciona de nuevo la noción de dignidad humana, con lo que conlleva de respeto incondicionado a todos los seres humanos, concepto que "se impone incluso frente a la sociedad y frente a la cultura".

Hay autores que nos alertan sobre el peligro [81] que supone situar la cultura por encima del

---

[80] BELTRAN: 2002
[81] BELTRAN, op. Cit.

individuo: si se afirma que cualquier cultura es buena se podrá sostener como buena, por

ejemplo, la mutilación genital de las niñas en África. Si hay que proteger a todas las culturas

también habría que proteger las imperialistas, expansivas, y todas aquellas que desprecien el

resto de las culturas.

8.4.3.- Otros principios y valores: Libertad, Igualdad, Justicia, Bien común

Se puede afirmar que la idea de igualdad resulta inseparable, en el constitucionalismo, de la

idea de libertad. En cuanto a esta última, se ha dicho que consiste no sólo en poder hacer todo

aquello que está permitido, sino en especial, poder realizar todo aquello que no está

prohibido.[82]

En cuanto a la *igualdad*, es la voluntad de alcanzarla entre todos los miembros de la

comunidad lo que caracteriza a la democracia frente a los otros sistemas políticos. En

consonancia con ello, nuestra Constitución establece que "los españoles son iguales ante la

ley, sin que pueda prevalecer discriminación alguna por razón de nacimiento, raza, sexo,

opinión o cualquier otra condición o circunstancia personal o social". Hay que distinguir dos

acepciones:

- Igualdad *en la ley*: obligación dirigida al propio legislador de no establecer distinciones
  artificiosas ni arbitrarias.

---

[82]   HIERRO, Op. Cit.

- Igualdad *ante la ley*: que se exige fundamentalmente a la Administración y al Poder Judicial

A su vez, este principio de igualdad *formal* debe ser puesto en relación con la igualdad *material, real o efectiva*, en virtud del cual "corresponde a los poderes públicos promover las condiciones para que la libertad y la igualdad del individuo y de los grupos en que se integra sean reales y efectivas; remover los obstáculos que impidan o dificulten su plenitud y facilitar la participación de todos los ciudadanos en la vida política, económica, cultural y social".

Por otra parte, la *discriminación positiva* (es decir, el trato favorable para situaciones en las que existe desigualdad) "compensa y reequilibra la discriminación social o económica", encarnándose en "una concepción abierta del principio de igualdad".

8.5.- ¿Es posible una catalogación y jerarquización de los Derechos?

Se trata de ver si la catalogación que se hace de los derechos, deberes y libertades, permite o no deducir una jerarquización entre los mismos.

Esta cuestión se encuentra relacionada también con el tema de los *límites de los derechos*. La práctica nos proporciona, en efecto, múltiples ejemplos en que los derechos de una persona pueden verse limitados al entrar en colisión o conflicto con los de otra. Por ejemplo, la libertad de expresión colisiona frecuentemente con el derecho al honor o a la Intimidad. En estos casos, necesariamente el órgano jurisdiccional que tenga que resolver ese conflicto deberá *"jerarquizar"* los derechos para ver cuál debe prevalecer en cada caso; por lo que, mientras uno de ellos sale fortalecido con la aplicación del *favor libertatis* (mayor eficacia de los derechos y libertades), el otro queda debilitado. Si tomamos el caso español, observamos que el Tribunal Constitucional ha venido dando preferencia a las libertades de expresión e información por considerar su dimensión objetiva más esencial que la del derecho al honor.

8.6.- Condiciones para el ejercicio de los Derechos

Si bien el legislador y, en general los poderes constituidos[83], no pueden excluir a ningún grupo o persona de la titularidad de los derechos, sí han establecido algunas condiciones para la titularidad plena de los derechos fundamentales. Con carácter general, podemos hablar de dos condiciones: una de carácter *natural* (que el sujeto sea mayor de edad) y otra de carácter *jurídico* (la nacionalidad). No obstante, no debe olvidarse que mediante sentencia judicial que declare la incapacidad de una persona, ésta puede verse privada de la titularidad de algunos derechos aunque sea mayor de edad o tenga la nacionalidad mexicana.

La nacionalidad es la cualidad de una persona de ser ciudadano de un determinado país, además de un vínculo jurídico que une al individuo con el Estado. Es la condición jurídica necesaria para poder ser titular de determinados derechos fundamentales, normalmente de los llamados *"derechos políticos"* o *"derechos de participación política"*, entre los que destaca el

---

[83] GUASTINI: 2003

derecho al sufragio, tanto activo como pasivo (aún que , tanto en Roma, como en la actualidad existen excepciones a esta regla del *status civitatis*).

Asimismo, en el ejemplo concreto de la UE el *Tratado de la Unión Europea* (Maastricht, 1992) ha introducido el concepto de *ciudadanía europea*, asociándole una serie de derechos y libertades[84], como la de circulación y residencia dentro de la Unión, derecho de sufragio activo y pasivo en las elecciones municipales y al Parlamento Europeo en el país miembro donde el ciudadano comunitario resida.

Cabe plantearse si los extranjeros, nacionales de otros Estados o apátridas, son o no titulares de derechos fundamentales. En este sentido, podemos hablar de tres grupos de derechos:

- Aquellos que son igualmente reconocidos para nacionales y extranjeros. Dada la naturaleza de estos derechos y su conexión esencial con la dignidad, sería inconstitucional cualquier diferenciación legal que se estableciera. Ejemplo: derecho a la vida y a la integridad personal.

- Aquellos derechos de los que, por mandato constitucional, sólo los nacionales son titulares, quedando por tanto excluidos los extranjeros. Se trata de los derechos de participación política y acceso a los cargos públicos. La exclusión se debe a su carácter eminentemente político y relacionado con la actividad soberana del Estado.

---

[84] Retomadas en el Tratado de Lisboa, 2007

Regla general, las Constituciones de los países del núcleo original de la Unión Europea permiten que los extranjeros puedan ejercer el derecho de sufragio activo y pasivo en las elecciones municipales, en virtud de tratado internacional o ley atendiendo a criterios de reciprocidad (es decir, si el país del que es nacional el extranjero reconoce el mismo derecho a los ciudadanos, portugueses, españoles o franceses, por ejemplo). Hoy por hoy ello se produce respecto de los ciudadanos de la Unión Europea, gracias al Tratado de Maastricht.

Cabe suponer que el progresivo desarrollo de la "ciudadanía europea" traiga consigo posteriores ampliaciones del derecho de sufragio para otro tipo de elecciones.

Por último, los derechos de los que son titulares principalmente los nacionales, pero también lo son los extranjeros, aunque su ejercicio pueda ser diferenciado en la medida en que así lo decidan los tratados o la ley.

Son también derechos de contenido político, como los de asociación, reunión, manifestación, petición. Ello no significa que la ley pueda negar sin más tales derechos a los extranjeros sino que podrá modular su ejercicio sometiéndolo a ciertos requisitos o limitaciones (si bien no reduciéndolo hasta el punto de hacer irreconocible el derecho o provocar su desaparición) que serían inconstitucionales si se impusiesen a los nacionales.

Como se acaba de ver, los extranjeros gozan en los países de la Unión Europea, aunque con peculiaridades, de la mayoría de los derechos reconocidos por las Constituciones nacionales.

Ahora bien, ello no significa que todas las personas, cualquiera que sea su nacionalidad y circunstancias, puedan entrar sin más en territorio de los países europeos. Por eso, las *legislaciones de extranjería* contemplan las figuras de la *estancia* y la *residencia*, sometiéndolas a distintas exigencias y requisitos administrativos., según los países miembros. Regla general, las Constituciones se refieren, como supuestos peculiares de presencia de extranjeros, al *derecho de asilo* y a la *extradición*[85]

El *derecho de asilo* hace referencia a la protección que un Estado otorga a una persona considerada refugiada, atendiendo, según lo dispuesto por la Convención de Ginebra sobre el Estatuto de los Refugiados (1951) a la situación de perseguido o sancionado que sufre en otro Estado por motivos de raza, religión, nacionalidad, opiniones políticas o pertenencia a un determinado grupo social.

La extradición es la entrega a un Estado extranjero de una persona acusada de la comisión de un delito o condenada por ello para que, en el primer caso, sea juzgada y, en el segundo, cumpla la condena establecida.

8.7.- Eficacia, límites e interpretación de los Derechos Humanos

Con respecto a la eficacia, es claro el valor normativo de la Constitución. En cuanto a la eficacia de los derechos fundamentales frente a particulares, tal como en la Constitución alemana, esta es una cuestión de gran interés teórico y práctico, todavía no resuelto por muchas de las Cartas fundamentales.

---

[85] Ver la legislación europea en la materia en las bases de datos EUROLEX y CELEX

Los derechos fundamentales son, ante todo, derechos subjetivos frente a los poderes públicos (caso de la Constitución de México). Sin embargo, la experiencia histórica ha mostrado que determinados derechos (por ejemplo, los que protegen el honor, la Intimidad...) pueden ser vulnerados también por acción de los particulares. Es la legislación civil, penal o laboral la encargada de proteger estos derechos frente a las intromisiones de los particulares, pero, si los poderes públicos están obligados a respetar los derechos fundamentales, ese respeto también debe traducirse en la protección cuando la agresión proceda de un particular: el poder público incumpliría la Constitución si no protegiera al ciudadano también frente a las agresiones por parte de particulares.

Por lo que se refiere a los límites, hay que partir de la afirmación general de que "no existen derechos ilimitados. Todo derecho tiene sus límites". Ahora bien, esta afirmación parece incompatible con el carácter inviolable de los mismos y con el propio carácter absoluto de la dignidad humana. Piénsese, sobre todo, en los derechos a la vida y a la integridad física y moral: no existe circunstancia ni condición alguna que permita suspender o limitar ese derecho. Por tanto, cuando se dice que todos los derechos son limitados, se pretende hacer referencia fundamentalmente a los llamados derechos *de libertad,* que sí pueden verse recortados para evitar el abuso o el ejercicio antisocial de los mismos.

En líneas generales, el ejercicio de los derechos encuentra en toda sociedad democrática dos tipos de limitaciones: las que derivan del bien común o del interés social protegido por la ley

106

(orden público, seguridad nacional, moralidad…) y las que derivan del respeto a la dignidad y a los derechos ajenos.

Como ejemplos de límites al ejercicio de los derechos, en grande parte de las Constituciones europeas, encontramos el límite formulado con carácter genérico: "*el respeto a la ley y a los derechos de los demás*" (ver Constitución española). Asimismo se han introducido en numerosas sentencias (jurisprudencia europea) el principio *favor libertatis*, en virtud del cual los límites de los derechos fundamentales han de ser interpretados restrictivamente y en el sentido más favorable a la eficacia y a la esencia de tales derechos.

Ello nos conduce directamente al tema de la interpretación de los derechos fundamentales, destacando dos aspectos: la regla hermenéutica general que introducen las Constituciones en materia de interpretación de derechos fundamentales y los criterios que los Tribunales Constitucionales han ido estableciendo al respecto.

Regla general, los Tribunales Constitucionales establecen las pautas generales que puedan servir para la interpretación de los derechos y libertades. Dichas pautas pueden resumirse en la afirmación del principio *favor libertatis*. Dicho principio implica que los límites de los derechos fundamentales han de ser interpretados con criterios restrictivos y en el sentido más favorable a la eficacia y a la esencia de tales derechos. Se trata, en suma, de aumentar la fuerza expansiva de los derechos, restringiendo hasta donde ello sea posible el alcance de los límites que legítimamente el ordenamiento establezca.

107

8.8.- Garantías y suspensión de los Derechos Humanos

De poco sirve el reconocimiento constitucional de los derechos, si no va acompañado de mecanismos jurídicos de garantía que los conviertan en algo más que meras proclamaciones retóricas. De todas formas, la más eficaz garantía del respeto de los derechos consiste en "el clima creado por la práctica democrática arraigada, y por la extensión de una "cultura política" de protección y estima de esos derechos[86]

Sentada esta premisa, cabe distinguir dos tipos de garantías: el establecimiento de requisitos que afectarán a los poderes públicos a la hora de desarrollar el contenido de los derechos fundamentales (fundamentalmente, la reserva de ley), y la previsión de mecanismos que los individuos pueden utilizar en defensa de sus derechos cuando los estimen vulnerados.

8.9.- La reserva de Ley

Normalmente las constituciones *se remiten a una futura ley* para que ésta lleve a cabo la regulación complementaria al reconocimiento constitucional del derecho o libertad. Esa remisión supone una renuncia del constituyente a detallar el régimen de determinados derechos (renuncia lógica por razones de extensión del texto constitucional); pero, al mismo tiempo, supone una garantía: sólo los Parlamentos podrán delimitar el alcance de los derechos reconocidos en el texto constitucional. Y además, deberá hacerlo *respetando el*

---

[86] SAUQUILLO : 2002

contenido esencial de esos derechos.

Para reforzar aún más esa garantía, a veces se exige que esas leyes reúnan determinados requisitos, evitando así que la cambiante mayoría parlamentaria de cada momento lleve a cabo regulaciones legales de los derechos que puedan resultar indebidamente restrictivas para las minorías.

Por otro lado, los ciudadanos tienen a su alcance *mecanismos jurídicos que les permiten invocar tales derechos directamente* para oponerse a actuaciones que estimen contrarias a los mismos; mecanismos que son muy variados:

- Las quejas a través de instituciones especializadas (Ej.: la CNDH, en México) en supervisar la actuación de los poderes públicos (especialmente de la Administración). No se trata de órganos jurisdiccionales, sino, normalmente, de comisionados parlamentarios que reciben quejas de los ciudadanos y las canalizan a las Administraciones correspondientes, y elaboran informes dirigidos a los propios Parlamentos que les han designado o, puede tratarse de un organismo autónomo, con personalidad jurídica y patrimonio propios, tal como la CNDH, cuyo principal objetivo es la protección de los Derechos Humanos consagrados en la Constitución Política de los Estados Unidos Mexicanos.. Por eso, se les puede considerar fundamentalmente como instituciones de carácter no decisorio, como una "magistratura de opinión" y de carácter eminentemente "auxiliar", al servir para que otras instituciones conozcan y remedien las vulneraciones de los derechos que los ciudadanos les hayan hecho llegar.

- Las garantías judiciales, que consisten en la posibilidad de que los ciudadanos puedan invocar sus derechos ante los Tribunales y exigir y lograr la protección, reparación o restablecimiento de los mismos. De hecho, la propia posibilidad de acceso a los Tribunales en defensa de sus derechos e intereses se configura como un derecho fundamental de la persona. Por tanto, se trata a la vez de un derecho y de una garantía de derechos.

Esto quiere decir que los derechos fundamentales que sean directamente vinculantes, pueden ser invocados ante los Tribunales de acuerdo con la ley que los desarrolle o bien directamente con base en el texto constitucional (si tal ley no existe).

8.10.- Protección internacional de los Derechos Humanos.

No existe aún un sistema internacional eficaz de protección de los derechos fundamentales de la persona, dada la tradicional negativa por parte de los Estados a reconocer limitaciones internacionales a su soberanía, aunque esa tendencia se va corrigiendo, sobre todo a partir de la II GM.

De todas formas, la creación de Tribunales internacionales dependientes de la ONU encargados de juzgar violaciones masivas de los Derechos Humanos, genocidios y crímenes

contra la Humanidad que hayan quedado impunes por el Derecho interno (a partir de los

Tribunales de Núremberg y Tokio) es todavía incipiente y con eficacia muy limitada, como se

vio en el caso del Tribunal Internacional sobre crímenes en la antigua Yugoslavia. Otro tanto

cabe afirmar del Tribunal Penal Internacional[87] cuya efectiva puesta en funcionamiento aún

no se ha producido.

8.11.- Los Derechos Humanos ante los problemas del mundo actual

8.11.1.- Globalización[88], Mundialización económica[89] y Derechos Humanos

Es evidente el debilitamiento de la posición del ciudadano que supone el hecho de que las

fronteras estatales sean cada vez más difusas en el actual contexto globalizado. Ahora bien,

como contrapartida en clave positiva destaca el hecho de cómo la internacionalización de los

derechos y de sus mecanismos de protección ha servido para que la soberanía estatal deje de

---

[87] DELMAS-MARTY et alii:(1995)2002 y DEL MAS-MARTY, 2005

[88] Habría que elaborar sobre la diferencia entre el proceso de mundialización y el proceso de globalización. La mundialización es aquel proceso inherente a la dinámica capitalista de maximización de beneficios en el mercado, por la cual la búsqueda de nuevas cuotas de mercado no conduce a la dilución de las barreras territoriales. El proceso de globalización entendido como aquel proceso de la dinámica capitalista que nos permite la producción, distribución, intercambio y consumo a escala global y en tiempo real, supone un paso adelante en la construcción del mercado ideal: la ruptura de las barreras temporales. En efecto, el proceso de globalización, la última fase observada del proceso de mundialización se construye con la dilución de las barreras temporales y espaciales de los mercados. El proceso de globalización, con sus características intrínsecas basada en la casi perfecta movilidad de capital, factores, productos y con problemas en la circulación de personas y conocimientos, genera un efecto muy importante: el desencaje entre la esfera económica y la política/institucional.

[89] El proceso de mundialización del capitalismo y la actual revolución tecnológica basada en la información y el conocimiento son los elementos fundamentales que caracterizan a la nueva economía. La economía del conocimiento no es exclusivamente un sector económico, sino que supone un cambio en la estructura económica de las economías tradicionales. El cambio en los procesos productivos y organizativos, la aparición de nuevas mercancías, los aumentos de productividad y la nueva estructura de la demanda (cambios en las pautas de consumo e inversión y elevada difusión internacional de la tecnología) son algunos elementos de la nueva economía basada en el conocimiento. Ver: Juan TORRENT SELLENS Jordi VILLASECA y Jorge SAINZ GONZÁLEZ, Curso Nueva Economía y E-business, 2006, Fundación Per a la Universitat Oberta de Catalunya, Barcelona

111

ser utilizada como pretexto para considerar a la protección de los derechos únicamente como un asunto interno de cada Estado. Si en la dinámica de integración internacional de los Estados, los centros de poder y efectiva toma de decisiones se alejan cada vez más del ciudadano, éste tendrá cada vez más difícil reclamar y hacer valer de modo efectivo sus derechos y libertades.

Así las cosas, cuando el Estado muestra su limitación e impotencia hasta el punto de no poder garantizar los más elementales derechos, resulta perfectamente comprensible que el ciudadano se retire a la pasividad de vida privada, que procure satisfacer por sí mismo lo que en la sociedad civil no encuentra y lo que el Estado tampoco le proporciona. En esta idea se encuentra, al menos en parte, la explicación al preocupante y complejo proceso de radicalización al que nos está tocando asistir.

8.11.2.-Inmigración, multiculturalismo, tolerancia

Otro aspecto problemático referido a los Derechos Humanos es el *fenómeno inmigratorio* que, en particular, vive la Europa comunitaria, o que constituye un polémico (y trágico) relacionamiento entre Estados-Unidos y México.

Para afrontar estos problemas se habla, continuamente, de la posibilidad de adoptar "medidas" contra los países que no colaboren para evitar la inmigración clandestina. La puerta que ha quedado abierta a la expulsión masiva de este tipo de inmigrantes, y la traducción que ello puede tener en forma de reforma de nuestra legislación de extranjería, ha hecho saltar la alarma sobre lo que se ha dado en llamar la "Europa fortaleza", o sobre las actuales propuestas de criminalización de los indocumentados en Estados-Unidos.

La política de la Unión Europea en esta materia debería venir orientada en una doble dirección, sobre la base ineludible de la dignidad de la persona, y marcada por la búsqueda del (difícil) equilibrio entre las medidas que eviten el denigrante tráfico de personas que suele ir unido a la inmigración clandestina, y las dirigidas a fomentar la *integración* social de los inmigrantes en un contexto intercultural.

Dicha *integración* tiene que ver con generar la coexistencia de culturas como consecuencia del fenómeno migratorio. Consiste en que los inmigrantes sean acogidos conservando sus costumbres y creencias en la medida en que no atenten contra los principios y valores fundamentales de la sociedad de acogida. Se respeta, por tanto, el pluralismo de culturas, pero desde el respeto a los valores fundamentales de convivencia en los que se basa la sociedad de acogida. La integración no debe confundirse con la *asimilación* (que supone la pérdida de las pautas culturales de los inmigrantes) ni con la solución *multiculturalista*, que, llevando hasta el extremo la idea de *tolerancia*, supone el derecho ilimitado de toda comunidad cultural a conservar sus creencias o costumbres, independientemente de su conformidad o no con los valores democráticos y liberales. La solución de la integración es compatible con la idea de *mestizaje cultural* como valor de enriquecimiento, sin el cual, por otra parte, no habría sido posible la civilización occidental.

113

En definitiva vemos que, en lo tocante a la integración, resulta decisivo el papel de la *educación* en torno a los irrenunciables pilares básicos de la convivencia democrática.

8.11.3.- Derechos Humanos y Sociedad del Conocimiento y de la Información[90]

La Globalización y, en particular la construcción de la Sociedad de la Información y del Conocimiento como realidades complejas pueden estudiarse desde múltiples puntos de vista. El que aquí nos interesa es, principalmente, el que pone el énfasis en su incidencia en la teoría y la práctica de los Derechos Fundamentales de las personas. En la teoría, puesto que el fenómeno de la Globalización cambia, al menos tendencialmente, los presupuestos teóricos desde los que se construyó la teoría de los Derechos Fundamentales. Y en la práctica porque, la Sociedad de la Información y del Conocimiento, como no podía ser menos, acentúa esas

---

[90] Las economías más desarrolladas se han caracterizado por un elemento adicional: la progresiva implantación a la actividad económica de las *Tecnologías de la Información y la Comunicación (TIC)*. Igual que en la primera y la segunda revolución industrial un formidable conjunto de interacciones tecnológicas, en este caso basadas en el proceso de digitalización, no sólo generaron la aparición de nuevas mercancías, sino que también impulsaron, a través del mecanismo innovador, importantes cambios en los esquemas productivos. Además, los cambios en la producción se extendieron a la demanda, con la aparición de nuevas formas de consumo, nuevos mecanismos de inversión y transformaciones de las relaciones exteriores. Algunos autores no han dudado en identificar esta situación con la aparición de una nueva economía, que tendría en el proceso de mundialización, en la revolución tecnológica digital y en los cambios en los patrones de consumo de los hogares sus tres pilares fundamentales. De hecho, estos tres elementos confluyen en uno: la masiva incorporación del conocimiento a la actividad económica. Vid CASTELLS,MANUEL: *La Galaxia Internet*, 2001, Areté, Barcelona

alteraciones haciendo ver sus efectos en el ejercicio concreto de algunos derechos.

Ahora bien, la Globalización, y su componente especifica, la Sociedad de la Información y del Conocimiento:

- Minimizan el papel del Estado[91], pues éste se retira y deja que algunas de sus funciones se lleven a cabo tendencialmente por agentes económicos supra o para estatales. La cuestión ahora es, sino frente al Estado, entonces ¿frente a quién se ejercen los derechos fundamentales?

- Potencian altas cotas de migración, por lo que la sociedad deja de ser homogénea y se transforma una sociedad multicultural.

Estos dos elementos son acentuados por la construcción de la Telepolis[92], o sea de la nueva estructura organizacional de la Sociedad de la Información y del Conocimiento.

Una primera cuestión, desde este segundo punto de vista, es que ya no todos los individuos de una sociedad tienen el mismo status de ciudadanía, por lo que los derechos fundamentales dejan de tener una vocación universal. Se plantea entonces si podemos seguir reservando el

---

[91]   POSNER, Richard A. 1979: *The Uncertain Protection of Privacy by the Supreme Court. En:* The Supreme Court Review: 173–216

[92]   Concepto acuñado por el filósofo español Javier ECHEVERRÍA en libro del mismo nombre, ya definido en otra nota infra- página de esta tesis.

115

término «fundamentales» para derechos de los que no son titulares (o, al menos, no de la misma manera) todos las personas o todos los miembros de una misma sociedad, aunque estén sujetas al mismo orden estatal (emigrantes, no nacionales, extranjeros en situación irregular, etc.)

Una segunda cuestión es si la sociedad donde estos grupos se integran debe respetar como derechos fundamentales la forma de vida propia de cada grupo (por ejemplo sobre las prácticas religiosas en la escuela pública o sobre el uso obligatorio del velo por parte de la mujer, etc.) o si, por el contrario, éstos deben aceptar las reglas básicas establecidas por la sociedad receptora (laicidad, no discriminación por razón de sexo, etc.).

El conflicto potencial entre la Globalización, (y su nuevo exponente, la S.I.C.) y la Teoría de los Derechos Humanos no se limita a los puntos anteriores, puesto que, una vez construida la primera dogmática (de raíz claramente liberal) de los Derechos Humanos, ésta evoluciona, gracias a las revoluciones obreras de la segunda mitad del siglo XIX y del siglo XX, hacia una segunda dogmática, ahora, social y democrática de estos derechos.

De modo que:

- En la categoría de derechos fundamentales pasan a ser incluidos los denominados derechos sociales, es decir, derechos que, a diferencia de los anteriores, exigen para su cumplimiento una determinada actividad prestacional del Estado: derecho a la educación, a la vivienda, a la seguridad social, etc.

- La lista de derechos fundamentales se engrosa también con los derechos de participación democrática, elevándose a derecho fundamental el sufragio universal, la libertad de constitución de partidos políticos y sindicatos, Derecho a la Información; derecho a la confidencialidad de datos[93] etc.

- Estos derechos pasan pues a formar parte también de los textos internacionales y constitucionales.

Ahora bien, tendencialmente la Globalización y la S.I.C:

- Al limitaren el papel del Estado reducen drásticamente el ámbito de aplicación de los derechos sociales.

- Y al trasladar los centros de decisión fuera de las fronteras estatales, dificulta el control democrático de las decisiones económicas, que quedan al margen de la voluntad de sus destinatarios directos.

---

[93] En el caso de estudio comparativo español, la Ley Orgánica 5/1992 de Tratamiento Automatizado de los Datos de Carácter Personal (LORTAD) se encarga de desarrollar las previsiones del artículo 18.4 de la Constitución Española. Posteriormente, la Directiva Comunitaria 95/46 motivó la aprobación de la Ley Orgánica 15/1999 de Protección de Datos de Carácter Personal –LOPD (cfr. La resolución de los recursos de inconstitucionalidad interpuestos contra esta norma en SSTC 290 y 292/2000). Consúltese, también, la Ley 8/2001 de Protección de Datos de Carácter Personal en la Comunidad de Madrid y el Convenio 108 del Consejo de Europa y la Carta de los Derechos Fundamentales de la Unión Europea(artículo 8°.)

Un campo es particularmente afectado por este nuevo contexto caracterizado por la Globalización y la construcción de la Sociedad de la Información y del Conocimiento: el campo del Derecho fundamental a la Intimidad y el derecho a la autodeterminación informática[94].

Conviene distinguir dos modalidades diferentes mediante los que Internet puede propiciar que la privacidad se vea afectada:

* En primer lugar, el uso que de la red pueda hacer otra persona o personas de modo que se vea afectada mi vida privada personal o familiar. Por ejemplo, difundiendo por la red mis datos personales, enviando a mi buzón de correo electrónico publicidad no solicitada, o albergando en su servidor una página de contenido pornográfico de acceso libre en la que pueden entrar mis hijos desde mi propia casa.

* En segundo lugar, el aprovechamiento por otra personas o personas del uso que yo hago de la red para entrar en mi vida privada. Por ejemplo, leyendo el contenido de mis mensajes de correo electrónico o espiando en mis hábitos de compra electrónica o en las páginas Web que suelo visitar.

---

[94] Sobre este respecto citamos la doctrina y jurisprudencia alemanas que hablan del "derecho a la autodeterminación informativa" a partir del caso resuelto por el Tribunal Constitucional en la sentencia de 15 de diciembre de 1983, en la cual se examinó la constitucionalidad de la ley de censo de población.: "La libre eclosión de la personalidad presupone en las condiciones modernas de la elaboración de datos la protección del individuo contra la recogida, el almacenamiento, la utilización y la transmisión ilimitadas de los datos concernientes a su persona".

La primera modalidad incluye todos los casos en los que la afectación a mi privacidad es consecuencia del ejercicio por un tercero de su derecho a la libertad de expresión a través de Internet. Proteger mi privacidad puede suponer, en esas circunstancias, limitar la libertad de expresión de otro.

Para analizar cómo puede afectar Internet al derecho fundamental a la privacidad, es preciso definir primero este derecho. Como todos los derechos fundamentales no tienen unos contornos precisos, por lo que es necesario estudiar brevemente su origen y su evolución.

La privacidad no se contemplaba inicialmente en la lista de derechos fundamentales clásicos. Su formulación fue durante mucho tiempo exclusivamente doctrinal (estaba sólo en la doctrina, es decir en los trabajos científicos de los juristas, pero no en la ley) y sólo recientemente se ha convertido en un derecho fundamental positivo (es decir, en una norma jurídica real), bien de carácter legal (presente en los textos legales o constitucionales) o jurisprudencial (fruto de las sentencias de los tribunales, pero sin un respaldo legal claro).

La primera formulación doctrinal, de origen norteamericano, apuntaba a la "*Privacy*" como el derecho a que "*le dejen a uno en paz*" (the right to be alone). Esta primera formulación sirvió, sobre todo gracias a la labor del Tribunal Supremo de los Estados Unidos, a declarar contrarias a la Constitución normas que entraban a regular aspectos propios de la vida privada de las personas (como, por ejemplo, el uso de anticonceptivos en las relaciones sexuales, o la penalización de las relaciones homosexuales entre adultos). Gracias a esta construcción de la Privacy se pudo encontrar apoyo constitucional para declarar

inconstitucionales todas normas de muy diversa naturaleza (entre ellas las encaminadas a la

penalización del aborto en la mujer).

Esta primera manifestación de la "*Privacy*" (GRISWOLD vs CONNECTICUT; ver

WARREN[95]) se ha vertido luego en normas constitucionales o internacionales que han

consagrado un derecho fundamental a la Intimidad. Su fundamento sigue siendo el mismo:

---

[95]   La posición fundamental de GRISWOLD vs CONNECTICUT como precedente y referencia internacional es visible, tanto en la evolución del concepto de derecho a la privacidad en el Sistema Jurídico Mexicano, como en la formulación del mismo en la jurisprudencia española. A este respeto resulta muy interesante el Voto particular que formula el Magistrado don Manuel JIMÉNEZ DE PARGA Y CABRERA a la Sentencia dictada en los recursos de inconstitucionalidad acumulados núms. 201/1993, 219/93, 226/93 y 236/93, al que presta su adhesión el Magistrado don RAFAEL DE MENDIZÁBAL ALLENDE y que paso a citar: "La construcción jurisprudencial de la tutela de nuevos derechos fundamentales. La última clase de derechos (los creados por la jurisprudencia) tiene especial relieve. Los derechos no-escritos han de ser tutelados por la jurisprudencia, ya que las Constituciones proporcionan al intérprete un punto de apoyo, unas palabras (escasas a veces, lapidarias), sobre los que hay que efectuar, mediante una actividad creadora, la construcción del derecho fundamental. Debido al lejano momento histórico de la elaboración de la Constitución de Estados Unidos, los jueces se han visto allí obligados a incorporar al acervo constitucional diversos derechos que no figuran ni en los textos del siglo XVIII ni en las Enmiendas posteriores: desde el derecho a la presunción de inocencia al derecho de asociación, pasando por el derecho a casarse y el de educar libremente a los hijos. Y la jurisprudencia norteamericana nos ofrece curiosos ejemplos de tutela judicial que fue articulada apoyándose en otros derechos expresamente protegidos por la Constitución. Suele citarse una Sentencia de 1965, dictada en *Griswold v. Connecticut*, donde se consideró violado el derecho a la privacidad en el matrimonio, invocando al efecto las Enmiendas Primera (que se refiere a varios derechos, entre ellos el de libertad religiosa), la Enmienda Tercera (no alojar tropas sin el consentimiento del dueño de la casa), Enmienda Cuarta (inmunidad del hogar), Enmienda Quinta (garantías del imputado). Con estos derechos se argumentó que proporcionar información sobre el uso de contraceptivos, que es lo que hacía el Sr. Griswold, director de una Liga de planeamiento familiar, conculcaba el derecho a la privacidad en el matrimonio. La Enmienda Novena, al dejar abierta la lista de derechos fundamentales, facilitó esta elaboración jurisprudencial de un derecho atípico. Algo parecido se ha llevado a cabo por las interpretaciones constitucionales en Italia y en Alemania, cuyas Constituciones contienen unos preceptos que han facilitado la inclusión de nuevos derechos: art. 2 de la Constitución italiana; art. 2.1) de la Ley Fundamental de Alemania.3. El derecho de libertad informática en el Ordenamiento español. La STC 254/1993, FJ 6, mencionó, por vez primera en nuestra jurisprudencia, la libertad informática, entendida como un derecho fundamental "en sí mismo". Lo subraya bien la Sentencia a la que estoy formulando este Voto concurrente. Es un punto de apoyo para la pertinente construcción del derecho fundamental. Otra base firme la proporciona el art. 18.4 CE. Pero la Sentencia convierte en base principal lo que en la Constitución es un simple mandato al legislador para que éste limite el uso de la informática. A mi entender, la libertad informática, en cuanto derecho fundamental no recogido expresamente en el texto de 1978, debe tener como eje vertebrador el art. 10.1 CE, ya que es un derecho inherente a la dignidad de la persona. Tal vinculación a la dignidad de la persona proporciona a la libertad informática la debida consistencia constitucional. También son preceptos que facilitan la configuración de la libertad informática los contenidos en los arts. 18.1 (derecho al honor, a la Intimidad personal y familiar y a la propia imagen) y 20.1 (libertad de expresión y de información), entre otros, así como los Tratados y Acuerdos internacionales, en cuanto son guías de interpretación constitucional (art. 10.2 CE): fundamentalmente, el Convenio Europeo para la protección de los Derechos Humanos y las Libertades Fundamentales (1950), art. 8; el Convenio del Consejo de Europa para la Protección de las personas con respecto al Tratamiento Automatizado de Datos de Carácter Personal (1981), arts. 5, 6, 8 y 9; Directiva 95/46/CE del Parlamento Europeo y del Consejo, de 24 de octubre de 1995, relativa a la Protección de las Personas Físicas en lo que respecta al Tratamiento de Datos Personales y a la libre Circulación de estos datos, art. 13." (fin de cita)

hay parcelas que pertenecen a lo más íntimo del ser humano y que sólo a él - no al Estado - corresponde regular.

Gracias a esta concepción es posible hablar hoy de:

- Un derecho general a la Intimidad, que regula (y, en determinados casos, prohíbe) la obtención de información íntima concerniente al individuo, por ejemplo frente a la libertad de expresión de un tercero (un artículo de prensa que revele datos íntimos de una persona famosa), frente otros intereses de particulares (por ejemplo, los datos genéticos que exige una compañía de Seguros) o frente al Estado (por ejemplo, la grabación por la policía de una conversación de un sospechoso de haber cometido un delito).

- Manifestaciones específicas del Derecho a la Intimidad, consideradas como derechos autónomos, como la inviolabilidad de domicilio o el secreto de las comunicaciones.

El carácter autónomo de estos derechos consiste en que, aún teniendo como origen la protección de la Intimidad personal, se han independizado de éste, de modo que:

- La inviolabilidad de domicilio protege todo lo que se desarrolle en ese ámbito, tanto si pertenece como si no a la esfera de lo que puede considerarse "íntimo".

121

- El secreto de las comunicaciones protege todo tipo de correspondencia, no sólo aquélla que tenga un contenido íntimo o revele datos pertenecientes a la esfera de Intimidad.

Una de las consecuencias de la violación del Derecho a la Intimidad: la prueba ilícita.

Una de las principales manifestaciones del Derecho a la Intimidad es su ejercicio con ocasión de una investigación policial. Cuando el titular del derecho es un sospechoso de haber cometido un delito, el régimen jurídico del mismo puede exigir:

1. la autorización judicial para restringir el Derecho a la Intimidad. De este modo, la policía debe solicitar del juez una autorización para entrar en un domicilio o para interceptar una comunicación. A su vez, la autorización del juez debe respetar ciertos principios de motivación, proporcionalidad, etc.

2. Cuando el delito es extremadamente grave, por ejemplo, en casos de sospechosos de pertenecer a grupos terroristas[96], puede existir una normativa de excepción (legislación antiterrorista) que matice los requisitos anteriores (por ejemplo, permitiendo a la policía intervenir pero exigiendo que, con posterioridad, lo comunique al juez), o incluso que, en la práctica, los haga desaparecer.

---

[96]   Por ejemplo, el control de tráfico (no de contenidos) de las comunicaciones impuestos por la nueva directiva europea como consecuencia del 14M y de los atentados de Julio en Inglaterra introduce restricciones que son comparables en grado y justificación a las restricciones a la libertad de circulación entre ciudadanos miembros de la Unión Europea

122

Es en estas ocasiones cuando entra en juego una de las consecuencias más llamativas de la vulneración de este derecho, la denominada prueba ilícita o prueba obtenida en violación de derechos fundamentales.

En virtud de este principio, una prueba obtenida vulnerando el Derecho a la Intimidad (por ejemplo, grabar una conversación o entrar en un domicilio sin la correspondiente autorización de la autoridad judicial) no puede utilizarse como prueba de cargo contra un sospechoso de haber cometido un delito. Ello puede traer consigo que, incluso en situaciones en la que la prueba obtenida ilícitamente demuestre de un modo incontrovertible la culpabilidad del acusado, éste tenga que ser puesto en libertad, si no existe otra prueba de cargo en su contra o si la que hay no pudo haber sido obtenida sin el concurso de la primera (por ejemplo, cuando la interceptación ilícita de una comunicación permite a la policía localizar a un sospechoso que mantiene una conversación telefónica, interceptada ahora con la oportuna autorización del juez, que permite inculparlo).

En definitiva, una prueba obtenida vulnerando del Derecho a la Intimidad, la inviolabilidad de domicilio o el secreto de las comunicaciones es una prueba que viola derechos fundamentales (como, por ejemplo, una confesión obtenida mediante tortura) y por lo tanto nula.

Una etapa posterior de la evolución posterior de la Intimidad ha venido suscitada por la problemática que genera el tratamiento de los datos personales, tanto aquellos que se refieren a aspectos tradicionalmente considerados pertenecientes a la esfera de "lo íntimo" (relacionados con la moral sexual, la ideología, la religión, etc.) como otros que pueden considerarse en principio "banales" (principalmente hábitos de consumo), o innovadores, como datos genéticos (en particular el uso de las pruebas de ADN) .

Es habitual la recogida y almacenamiento de estos datos mediante encuestas con finalidades sociológicas (trabajos científicos sobre las actitudes de la población), políticas (sondeos de opinión o electorales), económicas (orientadas al mercado), policiales (bases de datos de delitos, sospechosos, etc.) y otras.

Ahora bien, las posibilidades abiertas por el tratamiento informático de los datos ha difuminado la distinción entre lo que debe considerarse íntimo y lo que no, ya que cualquier dato, por banal que pueda presentarse, puede contribuir a configurar un determinado perfil actitudinal.

Esto ha hecho cambiar el concepto mismo de "Intimidad", que tiende a ser sustituido por el más amplio de "privacidad". La "privacidad", entendida de este modo, cubriría datos que, aunque relativos a conductas no pertenecientes en principio a la esfera íntima, son susceptibles de un tratamiento informático conjunto que permite trazar un perfil completo de las pautas de la vida privada del individuo.

Más que de una esfera íntima, la metáfora actual apunta a lo privado como un mosaico, cuyas piezas todas contribuyen, incluso la más pequeña, a dotar de significado al conjunto.

Por esta razón, las normas protectoras del Derecho a la Intimidad se han extendido también sobre los límites del tratamiento informático de los datos personales, hasta el punto de configurar un derecho fundamental especifico, el derecho a la autodeterminación informativa o derecho al control sobre los propios datos personales, al que se ha venido en denominar, por analogía con el viejo derecho de "Habeas Corpus" con el término "Habeas Data[97]"

Las características de esta regulación suelen cubrir aspectos como:

- Las condiciones en las que puede procederse al tratamiento de los datos personales.

- Tipos de datos cuya recogida y tratamiento se encuentra prohibido.

- Tipos de datos sujetos a unos requisitos específicos, por ejemplo, el de consentimiento expreso o por escrito (datos considerados sensibles).

---

[97]   El Tribunal Constitucional (España) ha reconocido, el derecho a la autodeterminación informática (Habeas Data) que aparece, en STC 254/1993 bajo el término "libertad Informática". Este derecho fue reconocido por primera vez por el Tribunal Constitucional alemán en su sentencia de 15 de diciembre de 1983 sobre la Ley del Censo. En esta sentencia el Tribunal Constitucional alemán consideró el derecho a la autodeterminación informativa sobre la base del derecho a la autodeterminación de la persona e identificó este nuevo derecho, que implica que cada individuo puede decidir básicamente por sí mismo cuándo y dentro de qué límites procede revelar situaciones referentes a la propia vida. Para el Tribunal Constitucional alemán, el libre desarrollo de la personalidad presupone, en las condiciones modernas. Vid, EKMEKDJIAN: 1996; y las normativas de la Unión Europea) de la elaboración de datos, la protección del individuo contra la recogida, el almacenamiento, la utilización y la transmisión ilimitados de los datos referentes a la persona.

- Confidencialidad y seguridad de los datos sometidos a tratamiento.

- Los derechos de información, acceso y notificación de los titulares de los datos.

- El establecimiento de Agencias Independientes de Protección de Datos con potestades inspectoras y sancionadoras.

- El establecimiento de acciones judiciales para reparar la violación de los derechos anteriores.

Es interesante remarcar que la normativa sobre "Habeas Data" tiene un origen y unos efectos directamente relacionados con la economía. Aunque se trata de regular un derecho fundamental (a la "privacidad"), esta normativa regula también de hecho la incidencia del tráfico de datos en el mercado.

Así, jurídicamente la protección de los datos personales, como ya se dijo en un principio, se desprende de la tutela a la Intimidad entendida como un derecho fundamental, por lo que los alcances de ésta, permean en la conformación de aquellos. Es decir la evolución sociológica y jurídica de la Intimidad se relaciona con esos datos personales[98].

---

[98] No debemos olvidar que como consecuencia del triunfo del estado burgués en la Europa decimonónica, se entronización en el sistema jurídico las libertades individuales, entre ellas, la de expresión pero con ciertos límites impuestos por el *status quo* imperante. Así, uno de esos límites fue la "privacidad" de las personas, claro está, de las personas consideradas como tal en ese sistema, una persona en pleno ejercicio de sus derechos y sobre todo, reconocida así por el poder político. Definitivamente, para la sociedad burguesa del siglo XVIII y sobre todo del XIX, las personas con derechos eran aquellas

Sin pasar de lado la influencia que la globalización arrastra para la información y como consecuencia de ella para los "datos" y consecuentemente para los "personales". Es cierto que la sociedad de la información alienta el flujo de información, casi sin límites, no obstante deberíamos reflexionar sobre la injerencia que se da en la información que contiene "datos personales". Unas preguntas serían ¿porqué esos datos están ahí? ¿Cuál es la justificación y la pertinencia de esos datos?

El bien jurídico que se tutela en la Protección de Datos personales es la Intimidad, ya MORALES PRATS ha sostenido que en la *Privacy* (sic) de la esfera íntima *"…se asientan las facultades clásicas de exclusión de terceros en lo que respecta a hechos o circunstancias relativos a la Intimidad, con relevancia jurídica (secretos documentales, secretos domésticos, inviolabilidad de domicilio)…"*[99].

Los derechos de libertad que corresponden con el *status libertatis* de las personas, corresponden a los llamados derechos de la esfera personal y entre ellos la protección de los datos personales frente a sus posibles usos desmedidos, maliciosos o de plano ilegales, corresponden a esta tipología de derechos que garantizan entre otras, un ámbito de libertad, pero también de privacidad frente al Estado.

---

de su condición, acaso debería haber límites para las personas pertenecientes a una clase social inferior. No, esos límites se pensaron para los gentiles hombres, para aquellos seres que tenían un cierto "estado" en sociedad.
La ilustración pudo concebir en un primer momento la igualdad, libertad y fraternidad para todos los hombres, pero en la realidad jurídica, algunos de los límites de estas libertades, fueron pensadas en función de un *establishment*.

[99]   MORALES PRATS, F.: *La tutela penal de la Intimidad: Privacy e informática*, Barcelona, 1984, pp. 136 y ss.

No obstante debemos señalar que la vulneración no sólo puede ser producto del uso indebido de los archivos tradicionales o recopilados en archivos tecnológicos que están en poder de Estado. También los particulares pueden llegar a violentar este derecho de la esfera personal a al honor ya la propia imagen, y esto porque los datos personales no sólo son aquellos que se con tienen como signos escritos, también una imagen puede ser archivada y su utilización puede transgredir, así mismo el honor pudiera llegar a dañarse con la utilización de ciertos datos personales la Intimidad personal y familiar,

No debemos olvidar que cuando WARREN y BRANDEIS analizaron el ámbito jurídico del *"the right to be let alone*[100]*"*, se referían a que la esfera privada de un hombre no debería ser perturbada por terceros, por lo cual llegamos al punto de ser necesario distinguir claramente las esferas de la Intimidad, puesto que no todas gozan del mismo nivel de protección. Añadiendo a lo anterior que dependerá también de la misma característica pública de la persona que se trate. Otro elemento a considerar: la omnipresencia, en los últimos sesenta años de los registros de diversa orden. Desde el inicio de nuestra vida vamos dejando "rastro", huellas a través de distintos medios y registros ante las instituciones del Estado (nacimiento, matrimonio, compraventas, etc.) universidades públicas, inclusive ante la muerte (acta de defunción); sin olvidar los rastros privados: tarjetas de crédito, clubes privados de cualquier naturaleza y ahora hasta el cine. Hoy, en México, este "rastro" es

---

[100]   La protección de la vida privada ha visto transcurrir un periodo de casi tres cuartos de siglo desde su primera formulación teórica por Warren y Brandeis. Ver: Samuel D. WARREN; Louis D. BRANDEIS (dic. 1890). «*The right to Privacy*». *Harvard Law Review*. Vol. IV, n. °. 5.

totalmente controlado por el Estado a través del uso universal de la CURP[101].

También deberíamos distinguir entre la tradición anglosajona y la neorromana, y es que si bien la naturaleza de este derecho fundamental tiene sus inicios en la aquella, con las referencias de BRANDEIS al "Privacy", una vez adoptado por el derecho continental el contenido y derrotero que ha tomado tal derecho tiene particularidades.Como anteriormente hemos referido, el Derecho a la Protección de Datos personales no surge como un derecho autónomo, sino que se desarrolla, sobretodo, a partir de la evolución tecnológica sostenida desde la segunda mitad del siglo XX[102]. No obstante en la actualidad diversos autores consideran que debe considerarse ya, tal derecho, con plena autonomía[103].

---

[101] La CURP identificar al individuo en los registros de personas a cargo de las organizaciones públicas y privadas de los Estados Unidos Mexicanos. Esto significa que servirá para realizar actividades y obtener servicios importantes. Es una clave de registro alfanumérico, única e irrepetible, que ofrece condiciones para sustituir el uso de todo tipo de códigos diversos, tales como clave de pasaporte, de cartilla de vacunación, de cartilla de salud, de licencia de conducir, de matrícula universitaria, de cédula fiscal y de catastro, tan sólo por mencionar algunos. Fue adoptada a partir del 31 de Diciembre de 2003, siendo que el 23 de octubre de 1996, se publicó en el Diario Oficial de la Federación el Acuerdo Presidencial para la adopción y uso por la Administración Pública Federal de la Clave Única de Registro de Población

[102] El llamado derecho a la autodeterminación informativa nace en la República Federal Alemana con la sentencia dictada por el Tribunal Constitucional Federal Alemán (TCFA) en la sentencia sobre la Ley del Censo.2 El TCFA afirma en la sentencia que el derecho general de la personalidad comporta la atribución al individuo de la capacidad de decidir, en el ejercicio de su autodeterminación, qué extremos desea revelar de su propia vida. Para el TCFA: «la autodeterminación del individuo presupone –también en las condiciones de las técnicas modernas de tratamiento de la información–que se conceda al individuo la libertad de decisión sobre las acciones que vaya a realizar o, en su caso, a omitir, incluyendo la posibilidad de obrar de hecho en forma consecuente con la decisión adoptada. »Esta libertad de decisión, de control, supone además que el individuo tenga la posibilidad de acceder a sus datos personales, que pueda, no sólo tener conocimiento de que otros procesan informaciones relativas a su persona, sino también someter el uso de éstas a un control, ya que, de lo contrario, se limitará su libertad de decidir por autodeterminación». La consecuencia de este razonamiento es el reconocimiento jurisprudencial de un derecho fundamental a la autodeterminación informativa basado en el derecho general de la personalidad y que ofrece protección frente a la recogida, el almacenamiento, la utilización y la transmisión ilimitada de los datos de carácter personal y «garantiza la facultad del individuo de decidir básicamente por sí mismo sobre la difusión y la utilización de sus datos personales». Con respecto del significado de la autodeterminación informativa en la Constitución alemana, véase Antonio Enrique PÉREZ LUÑO (1989). «Libertad informática y derecho a la autodeterminación informativa». *I Congreso sobre Derecho Informático*. Facultad de Derecho de la Universidad de Zaragoza. Págs. 359-375. Y citado por Adalbert PODLECH (1984). «Art. 2 Abs. 1». *Kommentar zum Grundgesetz für die Bundesrepublik Deustchland (Reihe Alternativkommentare)*. Luchterhand, Neuwied-Darmstadt. Págs. 341 y ss.

[103] LÓPEZ AYLLÓN sostiene que tal derecho se ha desarrollado como un derecho autónomo LÓPEZ AYLLÓN, S.: "Derecho de la Información" en INSTITUTO DE INVESTIGACIONES JURÍDICAS DE LA UNAM: *Diccionario Jurídico Mexicano*, México, 1999, p. 574.

Podemos argumentar que la Protección de Datos tiene como presupuesto el resguardo a la Intimidad y, por supuesto. No obstante lo anterior y analizando la naturaleza del Derecho a la Intimidad es precisamente el que da lugar al desarrollo de los datos personales y su protección tan sólo por considerarse derechos periféricos de la personalidad pudiendo entender mejor la amplitud de la Intimidad informática.

Otra cuestión que no es loable dejar de lado es la relacionado con la posible colisión de otros derechos con este tipo de derechos personales y entre otros por supuesto que encontramos el derecho de acceso a la información, puesto que se corre grave peligro que al no controlar el acceso a la información tanto en el ámbito público como privado, se transgreda y violente la naturaleza misma de la Intimidad y consecuentemente de los datos personales. Ya se había comentado que la autodeterminación informativa es un derecho que conlleva una acción positiva por parte de titular de esos datos, es decir bajo su acción, controla la disposición y tratamiento de los datos.

Pero también surge con encomiable importancia la acción de los órganos estatales y de los entes privados en el sentido positivo y negativo pues se requiere de actos de "no hacer" cuando tenga disposición expresa del interesado y de "hacer" cuando el individuo ejercita esa autodeterminación informativa para actualizar o suprimir algunos o todos los datos de carácter personal.

Para MORALES PRATS, autor anteriormente citado, el honor y la Intimidad -en cuanto esfera de Intimidad situada en un contexto social dado[104] -, se presentan como bienes jurídicos interrelacionados, pues gran parte de las ofensas a la fama o reputación de las personas se producen mediante el menoscabo de la Intimidad[105].

El Derecho a la Intimidad se ve, así, reforzado por un conjunto de garantías jurídicas con las que se protege el mundo interior de la persona frente a las perturbaciones que le pudiera causar la acción desmedida de terceros. Sin embargo, la construcción doctrinal más relevante ha sido formulada por los profesores PÉREZ LUÑO[106] y LUCAS MURILLO DE LA CUEVA.[107] Para el profesor LUCAS MURILLO, la autodeterminación informativa: *"en cuanto que posición jurídica subjetiva correspondiente al status de Habeas Data», pretende satisfacer la necesidad, sentida por las personas en las condiciones actuales de la vida social, de preservar su identidad controlando la revelación y el uso de los datos que les conciernen y protegiéndose frente a la ilimitada capacidad de archivarlos, relacionarlos y transmitirlos propia de la informática, y de los peligros que esto supone."*Ese objetivo se consigue por medio de lo que se denomina técnica de Protección de Datos, "integrada por un conjunto de derechos subjetivos, deberes, procedimientos, instituciones y reglas objetivas".[108]

---

[104] En referencia al Derecho a la Intimidad, es preciso delimitar la frontera entre lo que se debe considerar reservado a la esfera personal y lo que sale de esa esfera y puede considerarse público.

[105] MORALES PRATS, F., *op. cit.*, 1984, p. 136.

[106] PÉREZ LUÑO plantea la necesidad, en la era informática, de la existencia de un *Habeas Data* que se erija, del mismo modo que en su día hizo el *Habeas Corpus*, en cauce procesal que salvaguarde la libertad de la persona en la esfera de la informática, y entiende que el surgimiento de este derecho, que se integraría en los derechos de tercera generación, supone la necesidad de incorporar a la teoría de los estatus de Jellinek un nuevo estatus, el de *Habeas Data*. El autor identifica este concepto con el de «libertad informática » que define como «un nuevo derecho de autotutela de la propia identidad informática: o sea, el derecho de controlar (conocer, corregir, quitar o agregar) los datos personales inscritos en un programa electrónico». Vide: A. E. PÉREZ LUÑO (1996). *Manual de informática y derecho*. Barcelona: Ariel. Pág. 43

[107] Pablo LUCAS MURILLO DE LA CUEVA (1990). *El derecho a la autodeterminación informativa*. Madrid: Tecnos. Temas clave. Págs. 173-174.
[108] Ibidem

131

En una obra posterior, LUCAS MURILLO ha definido la autodeterminación informativa como: "*el control que a cada uno de nosotros nos corresponde sobre la información que nos concierne personalmente, sea íntima o no, para preservar de este modo y en último extremo la propia identidad, nuestra dignidad y libertad. En su formulación como derecho, implica necesariamente poderes que permitan a su titular definir los aspectos de su vida que no sean públicos, que desea que no se conozcan, así como facultades que le aseguren que los datos que de su persona manejan terceros informáticamente son exactos, completos y actuales, y que se han obtenido de modo leal y lícito*".[109]

Este planteamiento doctrinal ha sido acogido finalmente por la jurisprudencia del Tribunal Constitucional Español, que ha alumbrado el derecho fundamental a la Protección de Datos a través de un conjunto de sentencias dictadas en el periodo que va de 1993 al 2000. Debe señalarse que la primera sentencia, la número 254/19938 recoge el derecho, –al que denomina libertad informática–, de un modo ciertamente confuso, para después ir poco a poco perfilando el contorno del nuevo derecho.[110]

Será en la STC 292/2000 (como lo veremos en el apartado sobre el contexto normativo español) donde el Alto Tribunal diseñe con nitidez el contenido del derecho fundamental a la

[109] Pablo LUCAS MURILLO DE LA CUEVA (1993). *Informática y Protección de Datos personales (estudios sobre la Ley Orgánica 5/1992 de Regulación del Tratamiento Automatizado de los Datos de Carácter Personal)*. Cuadernos y Debates. Madrid: Centro de Estudios Constitucionales. Págs. 32 y 51. Existen posturas similares en torno a la categoría de la autodeterminación informativa. Así, puede consultarse M. HEREDERO HIGUERAS (1996). *La Ley Orgánica 5/1992 de Regulación del Tratamiento Automatizado de los Datos de carácter Personal: comentario y textos*. Madrid: Tecnos.

[110] Véase Pablo LUCAS MURILLO DE LA CUEVA (2000). «Las vicisitudes del derecho de la Protección de Datos personales» en *Revista Vasca de Administración Pública*. Vol. 2, n.º 58, pág. 211-242; Pablo LUCAS MURILLO DE LA CUEVA (2003). «La primera jurisprudencia sobre el derecho a la autodeterminación informativa». *Datospersonales.org: La revista de la Agencia de Protección de Datos de la Comunidad de Madrid*. N.º 1.

Protección de Datos. El fundamento jurídico quinto de la sentencia confirma la interpretación conforme a la cual el art. 18.4 CE incorpora un nuevo derecho fundamental dotándolo de plena autonomía respecto del Derecho a la Intimidad:[111] "Este derecho fundamental a la Protección de Datos, a diferencia del Derecho a la Intimidad del art. 18.1 CE, con quien comparte el objetivo de ofrecer una eficaz protección constitucional de la vida privada personal y familiar, atribuye a su titular un haz de facultades que consiste en su mayor parte en el poder jurídico de imponer a terceros la realización u omisión de determinados comportamientos, cuya concreta regulación debe establecer la ley, aquella que conforme al art. 18.4 CE debe limitar el uso de la informática, bien desarrollando el derecho fundamental a la Protección de Datos (art. 81.1 CE), bien regulando su ejercicio (art. 53.1 CE). La peculiaridad de este derecho fundamental a la Protección de Datos respecto de aquel derecho fundamental tan afín como es el de la Intimidad radica, pues, en su distinta función, lo que apareja, por consiguiente, que también su objeto y contenido difieran".

A continuación, el fundamento jurídico sexto de la sentencia define el objeto de protección del derecho que alcanza: "*a cualquier tipo de dato personal, sea o no íntimo, cuyo conocimiento o empleo por terceros pueda afectar a sus derechos, sean o no fundamentales, porque su objeto no es sólo la Intimidad individual, que para ello está la protección que el art. 18.1 CE otorga, sino los datos de carácter personal. Por consiguiente, también alcanza a aquellos datos personales públicos, que por el hecho de serlo, de ser accesibles al conocimiento de cualquiera, no escapan al poder de disposición del*

---

[111]   Esta interpretación se encuentra presente, ya de modo muy claro, en el conjunto de sentencias dictadas con motivo del caso RENFE sobre uso indebido de datos sobre afiliación sindical. El supuesto recogido en la sentencia, en tanto que afectaba a un colectivo de trabajadores, ha generado un conjunto de sentencias coincidentes tanto en los antecedentes como en los fundamentos jurídicos y el fallo. SSTC 11/1998, 33/1998, 35/1998, 45/1998, 60/1998, 77/1998, 94/1998, 104/1998, 105/1998, 106/1998, 123/ 1998, 124/1998, 126/1998, 158/1998, 198/1998, 223/1998, 30/1999, 44/1999 y 45/1999.

afectado porque así lo garantiza su Derecho a la Protección de Datos. También por ello, el que los datos

sean de carácter personal no significa que sólo tengan protección los relativos a la vida privada o íntima

de la persona, sino que los datos amparados son todos aquellos que identifiquen o permitan la

identificación de la persona, pudiendo servir para la confección de su perfil ideológico, racial, sexual,

económico o de cualquier otra índole, o que sirvan para cualquier otra utilidad que en determinadas

circunstancias constituya una amenaza para el individuo".

En el mismo fundamento se describe el contenido del Derecho fundamental a la Protección de Datos, que incluye un haz de garantías y facultades que se traducen en determinadas obligaciones de hacer. Se trata del derecho a que se requiera el previo consentimiento para la recogida y uso de los datos personales, el derecho a saber y ser informado sobre el destino y uso de esos datos y el derecho a acceder, rectificar y cancelarlos. Pese a que este planteamiento pueda ser criticable desde un punto de vista dogmático,[112] y tanto en lo relativo al contenido del derecho, como a la técnica empleada por el Tribunal Constitucional y a su anclaje constitucional,[113] lo cierto es que cierra de modo definitivo cualquier posibilidad de debate. El más evidente resulta de la proyección de la misma respecto del Ordenamiento español, y en particular respecto de la Ley Orgánica 15/1999, de 13 de diciembre de Protección de los Datos de Carácter Personal (LOPD), conformando un bloque normativo cuya interpretación queda claramente definida a partir de la STC 292/2000.

Junto a ello, la evolución del derecho en la Unión Europea ha tomado un camino que conduce

---

[112] Véase Carlos RUIZ MIGUEL: *La Configuración Constitucional del Derecho a la Intimidad.* Madrid: Tecnos, 1995

[113] Véase Ricard MARTÍNEZ MARTÍNEZ: *Una aproximación crítica a la autodeterminación informativa.* Madrid: APDCM-Thomson-Civitas, 2004.

inequívocamente al reconocimiento de este derecho. En efecto, más allá de la sucesión de

directivas[114] dictadas y de las constantes exigencias en esta materia contenidas por distintos

convenios,[115] la Carta Europea de Derechos Fundamentales incorpora de modo expreso el

Derecho a la Protección de Datos. Con posterioridad, este derecho se incorporó al artículo II-

68 de la *non nata* Constitución europea, recuperado en el Tratado de Lisboa, cuyo tenor literal

decía:

"1. Toda persona tiene derecho a la protección de los datos de carácter personal que le conciernan.

2. Estos datos se tratarán de modo leal, para fines concretos y sobre la base del consentimiento de la

persona afectada o en virtud de otro fundamento legítimo previsto por la ley. Toda persona tiene

derecho a acceder a los datos recogidos que la conciernan y a obtener su rectificación.

3. El respeto de estas normas estará sujeto al control de una autoridad independiente".

Tomando en consideración que, como excepción al Derecho a la Información, el Derecho a la

Intimidad debe precisar ineludiblemente ese carácter de excepcionalidad, se debe cuidar que

tal derecho no sea un obstáculo al de información. De lo contrario se arriesgaría el ejercicio

---

[114] Se han dictado distintas directivas como la Directiva 95/46/CE del Parlamento Europeo y del Consejo, de 24 de julio de 1995, relativa a la protección de las personas físicas en lo que respecta al tratamiento de datos personales y a la libre circulación de estos datos, la Directiva 97/66/CE del Parlamento Europeo y del Consejo, de 15 de diciembre de 1997, relativa al tratamiento de los datos personales y a la protección de la Intimidad en el sector de las telecomunicaciones, la Directiva 2002/58/CE del Parlamento Europeo y del Consejo, de 12 de julio de 2002 relativa al tratamiento de los datos personales y a la protección de la Intimidad en el sector de las comunicaciones electrónicas o directiva sobre la privacidad y las comunicaciones electrónicas y la Directiva 2006/24/CE sobre conservación de datos generados o tratados en relación con la prestación de servicios de comunicaciones electrónicas de acceso público o de redes públicas de comunicaciones

[115] Así por ejemplo, puede verse el Convenio de Schengen, de 19 de junio de 1990, de aplicación del Acuerdo de Schengen de 14 de junio de 1985, entre los Gobiernos de los Estados de la Unión Económica Benelux, de la República Federal de Alemania y de la República Francesa relativo a la supresión gradual de los controles en las fronteras comunes y el Protocolo núm. 2 por el que se integra el Acervo de Schengen en el marco de la Unión Europea. En el mismo contexto, hay que incluir el Convenio basado en el artículo K.3 del Tratado de la Unión Europea por el que se crea una Oficina Europea de Policía o Convenio Europol.

del Derecho a la Información[116], pilar fundamental de las democracias occidentales.

De la misma manera, pero en sentido contrario, con el ejercicio inadecuado del Derecho a la Información se puede vulnerar la Intimidad personal y familiar difundiendo hechos que pertenecen a la zona reservada de la persona, o sea, todos los derechos varían su significado político y jurídico de acuerdo con el contexto histórico-social en que se desenvuelven.

El Derecho a la Intimidad se manifiesta en este punto peculiarmente dependiente del desarrollo tecnológico y de la creciente penetración de la digitalización en todos los niveles de nuestro cotidiano. Precisamente su historia como derecho autónomo y como necesidad humana se produce cuando la técnica proporciona medios de vigilancia electrónica que muchas de las veces hacen inútil todo intento de salvaguardar la esfera íntima del sujeto mediante formas jurídicas tradicionales[117].

Continuando con el análisis de las proposiciones teóricas de MORALES PRATS, la delimitación de la esfera íntima no es fácil, pues, como ya lo vimos en los párrafos anteriores, la confusión con respecto a otras esferas de protección de la libertad individual ha sido

---

[116] En la STS de 13-III-1989, FFJJ 1° y 3° se lee: *"La Intimidad, semánticamente concedida como zona reservada de la persona y de su espíritu y, catalogada como uno de los derechos fundamentales y que constituye el acervo y patrimonio de la persona más cercano (...) Como es natural, el patrimonio que comprende la Intimidad personal es extremadamente amplio y variado, sin que puedan sentarse reglas generales ni catálogos enunciativos de la misma; pero sin hacer referencias a todos aquellos datos biológicos o espirituales o caracterológicos que componen el ser de una persona, como pueden ser los datos analíticos o profesionales de una persona determinada (...) Toda vez que no puede arrogarse un derecho de información sobre la base de quebrantar un derecho fundamental como es el de la Intimidad, y existen siempre términos hábiles para divulgar la exclusión o baja de un atleta sin dar publicidad a algo tan íntimo y cercano que afecta a la personalidad de una persona, como es su conformación cromosómica."*

[117] MORALES PRATS, F.: *Op. cit.*, p. 118

constante, sobre todo, en los ordenamientos de Europa continental[118]. Pero, a partir de la Directiva 97/66/CE y su transposición a los sistemas normativos de los Países Miembros[119], esto ha sido rebasado. Tal puede ser observado, en el caso español, en la Ley Orgánica 15/1999, de 13 de diciembre, de Protección de Datos de Carácter Personal en España, cuyo artículo 7 enumera los datos personales especialmente protegidos que abarcarían datos concernientes a la ideología, a la religión o al origen racial de la persona, por ejemplo.

En este sentido, bien vale la pena añadir que, según EMILIO SUÑÉ, en la mayoría de los países desarrollados se ha legislado, a partir de la década de los setenta, sobre Protección de Datos de carácter personal[120].

---

[118] *Ibídem.* p. 119.

[119] Lo mismo , en Portugal, con la *Lei no. 86/98 de 26 de Outubro de 1998 Lei de Proteccao de Dados Pessoais*

[120] SUÑÉ LLINÁS, E., *Tratado de Derecho Informático. Volumen I: Introducción y Protección de Datos Personales*, Universidad Complutense Madrid, España. 2000. pp. 29 31.

REFERENCIAS BIBLIOGRAFICAS BÁSICAS

A) PARA LOS TEMAS " ESTADO " Y "SOBERANÍA"

ALMOND, Gabriel Abraham ; POWELL, Bingham G.; Comparative Politics: a developmental approach. Ed. Little y Brown, 1966

BECK, Ulrich; The reinvention of politics: rethinking modernity in the global social order; Suhrkamp Verlag 1993, trad. Ingles Polity Press y Blacwell PublishersLtd., 1997

BOBBIO, Norberto. El futuro de la democracia, México, Fondo de Cultura Económica, 1986.
DICCIONARIO de política y administración pública (s. f.), Colegio de Licenciados en Ciencias Políticas y Administración Pública, México, t. 2.

DA CUNHA LOPES, Teresa; DÍAZ PEDRAZA, NOÉ. Estado y Soberanía: una perspectiva evolutiva. En DA CUNHA LOPES, T. et allii Democracia y Políticas Públicas, UMSNH, UV, URJC, ISEG, Morelia, 2008

DUVERGER, Maurice. Instituciones políticas y Derecho Constitucional, México, Ariel, 1980.

GONZÁLEZ Schmal, Raúl, "Democracia semidirecta y democracia participativa", en Valadés, Diego y Gutiérrez Rivas, Rodrigo (coordinadores), Democracia y gobernabilidad, México, Universidad Nacional Autónoma de México, 2001.

HELD, D.,:La democracia y el orden global: del estado moderno al gobierno cosmopolita , Paidós, Barcelona,1997

HELD, David. Modelos de democracia, Madrid, Alianza editorial, 2001.

HOBSON, J.M: The Wealth of States: A Comparative Sociology of International Economic and Political Change, Cambridge University Press, 1997.

HUNTINGTON, Samuel P. La tercera ola: La democratización a finales del siglo XX, Barcelona, Paídos, 1994.

KRASNER, S.: Sovereignty. Organized Hypocrisy. Princeton University Press, Princeton, 1999

LIJPHART, Arend, Modelos de democracia: Formas de gobierno y resultados de treinta y seis países, Editorial Ariel, Barcelona, 2000.

MARSHALL, Thomas Humphrey: Class, Citinzeship, and Social Development. Chicago: University of Chicago Press, 1964

OLIVOS Campos, José René, El Michoacán pendiente, México, CIDEM, 2007.

OLIVOS Campos, José René, La gobernabilidad democrática municipal en México, México, Porrúa, 2005.

PRUD´HOMME, Jean-François, Consulta popular y democracia directa, México, Instituto Federal Electoral, 1997.

ROUSSEAU, Jean Jacques. El Contrato Social, Madrid, Ediciones EDIMAT, 2000.

SALAZAR, Luis y Woldenberg, José. Principios y valores de la democracia, México, Instituto Federal Electoral 1993.

SARTORI, Giovanni. Teoría de la democracia; 1. El debate contemporáneo, México, Alianza Universidad, 1989.
SCKOPOL, Theda: Social Policy in the United States, Princeton University Press,1995

STRANGE, Susan; States and Markets, , Ed. Continuum, Second edit. NY , 1994

B) PARA LOS TEMA "DERECHOS HUMANOS" , "GLOBALIZACIÓN " Y "SOCIEDAD DE LA INFORMACIÓN"

ALEXY, ROBERT Teoría de los Derechos Fundamentales, Centro de Estudios Constitucionales, Madrid, 1993.

_____: Los Derechos Fundamentales en el Estado Constitucional, en "Neoconstitucionalismo(s)", Trotta/UNAM, México, 2003.

ÁLVAREZ-CIENFUEGOS FIDALGO, JUAN: "Un apunte sobre los Derechos Humanos y sus generaciones", en Globalización, Derechos Humanos y Sociedad de la Información, Da Cunha Lopes, et. Al, Colección Transformaciones jurídicas y sociales, Núm. 3, Morelia, Mich., Méx., agosto 2007,

ARTEAGA BOTELLO, Nelson: "Acceso y uso del Internet: entre la desigualdad y la polarización", en *La complejidad de las Ciencias Sociales en la sociedad de la información y en la economía del conocimiento. Trastrocamiento objetual y desarrollo informacional en*

139

iberoamérica. Massé Narváez, C (coord.). Colegio Mexiquense, A.C. 2005.

ATIENZA, MANUEL: Una Clasificación de los Derechos Humanos, Anuario de Derechos
Humanos, ,n.4

BAYÓN, JUAN CARLOS: "Derechos, democracia y Constitución", en BAZÁN, VICTOR: Los
Derechos Económicos, Sociales y culturales en acción: sus perspectivas protectorias en
los ámbitos internos e interamericano, en Anuario de Derecho Constitucional
Latinoamericano, tomo 2, vol.2005, IIJ,UNAM, Ciudad de México, México, 2005

BAZÁN, VÍCTOR. "Los Derechos Económicos, Sociales y culturales en acción: sus
perspectivas protectorias en los ámbitos internos e interamericano", en Anuario de
Derecho Constitucional Latinoamericano, tomo 2, Vol. 20052, IIJ, UNAM, Ciudad de
México, México, 2005.

BELTRÁN PEDREIRA, ELENA: Diversidad y deberes cívicos: liberalismo, ciudadanía y
multiculturalismo, en Estado, justicia, derechos, Alianza, Madrid, 2002.

CASTELLS, Manuel: *La era de la información. Economía, sociedad y cultura, La sociedad red*, Vol. I,;
Fin de milenio, Vol. III, Siglo veintiuno, México, 1999.

CERILLO MARTÍNEZ, A. : Las Transformaciones del Derecho en la Sociedad de la
Información, UOC, Barcelona, 2005.

CERRILLO MARTINEZ, Agustí :"E-información: hacia una nueva regulación del acceso a la
información". *IDP. Revista de Internet, Derecho y Política* [artículo en línea]. N.º 1. UOC.
[Fecha de consulta: 21/06/07].http://www.uoc.edu/idp/1/dt/esp/cerrillo.pdf

CLAUDE NICOLET, *Le Métier di citoyen a Rome*, Flammarion, Paris, 1980.

COUSIDO GONZÁLEZ, P.: *Derecho de la Comunicación* Vol. I., Colex, Madrid, 2000.

DAVARA RODRÍGUEZ, M. A: *Manual de Derecho Informático*, Aranzadi, Pamplona, 2002.

de Investigaciones Jurídicas de La UNAM: *Diccionario Jurídico Mexicano*, México, 1999.

Declaración Universal de los Derechos Humanos en Instrumentos Internacionales sobre Derechos
Humanos ONU-OEA, Comisión Nacional de los Derechos Humanos, 1994.

DELMAS – MARTY, MIREILLE: *La CPI et les interactions entre le droit internacional pénal et le
droit pénal interne a la phase d'ouverture du procés pénal*, 11 mars 2005, Conferences de la
CPI, La Haye.

Directiva 95/46/CE del Parlamento Europeo y del Consejo, de 24 de octubre de 1995, relativa a la Protección de las Personas Físicas en lo que respecta al Tratamiento de Datos Personales y a la libre Circulación de estos datos, art. 13."

Directiva 95/46/CE, y 97/66/CE. Dirección en Internet: www.europa.eu.int/comm/internal_market/en/dataprot/index/htm. y http://ec.europa.eu/justice_home/fsj/privacy/docs/wpdocs/2001/wp51es.pdf

ECHEVERRÍA, JAVIER. Los señores del aire: Telépolis y el tercer entorno, Ediciones Destino, 2004.

EKMEKDJIAN, M. A. Y PIZZOLO, C. : Habeas Data. El derecho a la intimidad frente a la revolución informática, De Palma, Buenos Aires, 1996.

ESPINAL VICENTE, J. M, *Estudios sobre Derecho a la Intimidad,* Madrid, 1992.

FUKUYAMA, FRANCIS: El debate sobre los Derechos, en El Fin del Hombre. Consecuencias de la revolución biotecnológica, B.S.A, Madrid, 2003.

GARCÍA CUADRADO, ANTONIO M: Derecho Constitucional: la Constitución y las fuentes del derecho constitucional, Madrid, 1996.

GEORGES, M. «Relevons les défis de la protection des données à caractère personnel: l'Internet et la CNIL». *Commerce électronique-Marketing et vie privée*. París. 2000.

GRIJPINK, J.; C. PRIENS. «Digital Anonymity on the Internet, New Rules for Anonymous Electronic Transactions?».*Computer Law & Security Report*. Vol. 17, n.º 6, 2001.

HIERRO, LIBORIO: El concepto de Justicia y la teoría de los Derechos, en Estado, justicia, derechos, pp. 11-52, Alianza, Madrid, 2002.

LÓPEZ AYLLÓN, S.: "Derecho de la Información" en Instituto D

LUCAS MURILLO, P.: *El derecho a la autodeterminación informativa*, Madrid, 1990,

MACLUHAN,MARSHALL: *La aldea global* ,Gedisa, 1996.

MORALES PRATS, F.: *La tutela penal de la intimidad: privacy e informática*, Barcelona, 1984,

O'NEILL, ONORA: Autonomy and Trust in Bioethics, Cambridhe University Press, U.K., 2002.

Orden jurídico. http://www.ordenjuridico.gob.mx/Constitucion/cn16.pdf

PÉREZ LUÑO, ANTONIO: "Del Habeas Hábeas al Habeas Data", en *Encuentros sobre Informática y Derecho*, Instituto de Informática Jurídica, Universidad Pontificia Comillas, Madrid, 1990, 1991, CASTELLS, MANUEL: La Galaxia Internet, 2001, Areté,

Barcelona.

POULLET,Y.; J.M. DINANT. *Self-determination in an Information Society, Reporton the application of Data Protection Principles to the worldwide Telecommunications networks.* Informe para el Comité Asesor de la Convención para la protección de individuos con respecto a procesamiento automático de Datos personales (T-PD). Estrasburgo. Disponible en la página web del Consejo de Europa. nov. 2004

Prácticas de Información Justas», mayo del 2000, disponible en el sitio FTC: http://www.ftc.gov/os/2000/05/index.htm.

Recomendación 3/97 del llamado Grupo del Artículo 29: Anonimato en Internet, y la opinión de la comisión privada belga sobre comercio electrónico (N.º 34/2000 del 22 de noviembre de 2000, disponible en el sitio de la comisión: http://www.privacy.fgov.be).

RIBEIRO MENDES, ARMINDO: Sistemas Jurídicos Comparados, Curso Universida de Clássica de Lisboa, Lisboa, 2005.

RIFKIN, Jeremy: *El fin del Trabajo.* Paidós, Barcelona, 1996.

RODOTÀ, S. «Beyond the E.U. Directive: Directions for the Future». En: Y. POULLET; C. DE TERWANGNE; P. TURNER (ed.). «Privacy: New Risks and Opportunities». *Cahier du CRID.* Amberes: Kluwer. N.º 13, pág. 211 f.

ROGEL VIDE, C.: *Derecho de la Persona*, Cálamo, Barcelona, 2002.

SAUQUILLO, JULIÁN: Representación política y democracia, en Estado, justicia, Derechos, pp. 281-313, Alianza, Madrid, 2002.

SUÑÉ LLINÁS, E., *Tratado de Derecho Informático. Volumen I: Introducción y Protección de Datos Personales*, Universidad Complutense Madrid, España. 2000.

TORRENT SELLENS. J. et. Al, *Curso Nueva Economía y E-business*, 2006, Fundación Per a la Universitat Oberta de Catalunya, Barcelona.

TORRES DEL MORAL: Principios de Derecho Constitucional español, vol I y II, 1998

WARREN, S. D. Y L.D. BRANDEIS: El Derecho a la Intimidad, Civitas, Madrid, España, 1995.

El Estado y los Derechos Fundamentales. Guía Mínima para el Alumno de Derecho
Teresa Da Cunha Lopes / Damián Arévalo Orozco/ Ma. Elena Pineda Solorio

Editado

02 de Diciembre de 2013

ISBN

978- 1495- 400360

1495400360

Título

El Estado y los Derechos Fundamentales. Guía Mínima para los Estudiantes de Derecho

1ª.Edición

Colección

"Transformaciones Jurídicas y Sociales en el Siglo XXI"

serie 7 / No. 6

Coordinadores de la Colección

Hill Arturo del Río Ramírez

Teresa M. G. Da Cunha Lopes

Coordinador de la Edición y Diseño Gráfico

Pedro Rusiles

Editorial AAA

Sociedad Cooperativa de Responsabilidad Limitada